미래의 부를 위한

부동산 투자
1만 시간의 법칙

미래의 부를 위한

부동산 투자
1만 시간의 법칙

추동훈 지음

매일경제신문사

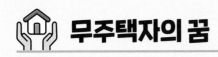

무주택자의 꿈

　우리는 '부동산'의 시대에 살고 있다. 정치, 경제, 사회, 문화 할 것 없이 부동산을 빼놓고는 할 이야기가 없을 정도다. 부동산은 부를 축적할 수 있는 대표적인 경제자산이자, '수저' 계급을 뒤바꿀 수 있는 마지막 희망이며, 공인과 유명인의 재테크 역량을 평가하는 잣대이자 검증의 기준이기도 하다. 이는 거시·미시적 경제 역학 관계가 복잡하게 얽히며 한 치 앞도 예상할 수 없는 경제 '시계제로(앞이 보이지 않는 상황)' 시대의 반면이다. 환율, 금리, 주식 시장은 연일 대외 변수와 각종 리스크로 휘청거리며 투자자들의 불안감을 키워가는 반면, 부동산은 요지부동 굳건히 제자리를 지키고 있다.

　물론 수년간 가파른 상승 곡선을 그린 부동산 시장에 대한 우려의 목소리도 조금씩 커지고 있다. 하지만 '내 집 한 채'는 있어야 이 험난하고 팍팍한 삶을 버텨나갈 수 있다는 믿음은 진리처럼 퍼져나갔다. 부동산 투자자들의 평균 연령도 한창 내려가고 있다. 더 이상 부동산은 경제적 여유를 누리는 5060세대의 전유물이 아니다. 이제 막 직장생활에 발을 들이고 어린 자녀를 키우느라 바쁜

3040세대 역시 유심히 부동산 시장을 들여다보고 있기 때문이다.

한국부동산원에 따르면 2021년 7월 서울에서 거래된 아파트 4,646건 중 40대 투자자의 비중은 25.9%(1,205건)에 달했다. 이보다 놀라운 것은 30대의 매입 비중이다. 전체 거래량 중 30대 투자자의 비중은 무려 39.5%(1,834건)에 달했다. 서울 아파트를 구입한 사람 3명 중 2명은 30~40대라는 뜻이다. 이는 취학 자녀를 둔 젊은 실수요층이 사실상 부동산 시장의 주도 세력으로 자리매김했다는 뜻으로, 부동산을 바라보는 사회의 시선이 얼마나 바뀌었는지를 보여준다.

이뿐만이 아니다. 한창 대학생활을 즐기며 미래를 꿈꿀 20대까지 부동산 시장에 대거 유입되었다. 불과 몇 년 전인 2018년을 떠올려보자. 최근 수년을 되돌아보면 그때만이 유일하게 부동산 시장이 상대적으로 주목받지 못한 시기였다. 다름 아닌 암호화폐 열풍에 밀려서다. 몇백만 원이 수십억 원으로 불어날 수 있다는 희망찬가에 너 나 할 것 없이 온 국민이 휩쓸렸다. 하지만 그 결과는 어떠한가? 소수의 성공 사례를 제외하면 대부분 반토막 이상의 손실을 보고 막을 내렸다. 이때 유행어로 떠올랐던 '가즈아!'라는 외침은 이제 부동산 시장으로 옮겨와 재현되고 있다. 비트코인 대란 때 가장 참전율이 높았던 2030세대가 주역이 되어 부동산 시장에 불을 지피고 있는 것이다.

2030세대는 연애, 결혼, 출산을 포기한 '삼포세대'로 시작해 현재는 집도, 자동차도, 취업도 포기하는 'N포세대'로 묶인다. 다 포기하며 살아야 하는 이들에게 어쩌면 암호화폐는 마지막 한 줄기 빛처럼 다가왔을 것이다. 하지만 가장 높았던 파도가 가장 크게 가라앉듯이 비트코인의 꿈은 구운몽처럼 사라졌다. 이후 뒤늦게 정신을 차린 이들은 부모 세대의 '부동산 불패 신화'를 답습해 부동산 시장으로 대거 유입되었다. 인생을 즐기고 미래를 준비하기 바쁠 20대까지 토익 공부를 할 바에는 부동산 공부를 하자며 스터디를 만들기 시작한 것이다. 부동산이 전 세대의 최후의 보루가 된 셈이다.

이처럼 전 국민이 부동산에 열광하는 것처럼 보이지만 여전히 부알못(부동산을 알지 못하는 사람)도 널리고 널렸다. 가정을 꾸리고 자녀가 장성한 50대가 될 때까지 청약통장 한 번 만들어본 적 없다는 회사원, 매매는커녕 부동산 등기부등본조차 떼본 적 없다는 직장인, 분양권과 입주권의 차이도 구분하지 못하는 사회초년생 등 부린이(부동산과 어린이의 합성어)가 참 많다.

부동산 투자에 관심은 있는데 어떻게 시작해야 할지 몰라 발만 동동 구르는 사람이 정말 많다. 필자 역시 비슷했다. 입사 후 IT모바일부와 정치부에서 일할 때는 아직 이르고 일이 바쁘다는 핑계로 부동산 공부를 멀리했다. 이후 부동산부에서 무려 2년간 근무할 절호의 찬스를 잡았음에도 불구하고, 부끄럽게도 서울 아파트 가격이 가장 가파르게 상승하던 시기를 두 눈 뜨고 지나치고 말았다. 정부와 서울시 부동산 정책 관계자들을 매일 만나고 취재했음에도 집값 상승이 언젠가는 떨어질 것이란 희망 고문 속에 갇혔던 것이다. 그리고 부동산부를 떠나고 나서야 뒤늦게 시장에 진입했다.

이 책은 과거의 필자처럼 어떻게 부동산 공부를 시작해야 할지, 어디서부터 공부해야 할지 모르는 부린이를 위한 안내서다. 또한 필자와 같은 실수를 반복하지 않기를 바라는 마음으로 작성한 내 집 마련 투쟁기다. 부동산에 대해 백지 상태였던 필자가 부동산 애널리스트, 관계부서 공무원, 재건축 조합장 등을 두루 만나며 보고 듣고 느낀 경험을 차근차근 풀어냈다. 그래서 이미 부동산 관련 서적을 수십 권씩 통독한 재야의 고수나, 현장에서 수십 년씩 경력을 쌓은 현장의 전문가에겐 자칫 시시할 수 있는 내용이다. 하지만 부동산 지식에 갈증을 느끼고 있는 초보자라면 이 책이 큰 도움이 될 것이라 자신한다.

경제 취재 영역에서 가장 대표적인 재테크 부서는 부동산부와 증권부로 손꼽힌다. 주식, 펀드 등을 다루는 증권 영역은 어쩌면 개인의 선택에 따라 할 수도 있고, 안 할 수도 있는 영역이다. 하지만 '집'은 다르다. 부동산은 살아가면서 어떤 방식으로든 피해갈 수 없는 삶의 일부와 같다. 아파트를 사든 빌라를 사든, 전세를 살든 집주인이 되어 월세를 받든 어떤 식으로든 부동산은 반드시 마주쳐야 할 영역이다.

취재 중에 만난 어떤 무주택자는 집값이 오르는 게 너무 화나고 속상해 아예 부동산과 인연을 끊겠노라 하소연한 바 있다. 필자는 그의 손을 꼭 잡고 어렵고 힘들겠지만 버티고 이겨내야 한다고 응원했다. 하루 3시간씩 10년간 투자하면 어떤 분야든 전문가가 될 수 있다는 '1만 시간의 법칙'은 부동산 영역에서도 고스란히 적용된다고 본다. 그러니 부동산에 대해 잘 모른다면 일단 공부를 해보자. 결국 기회는 준비된 자에게만 온다. 평생 함께해야 하는 부동산이라면 지금이라도 좀 더 친해지고 가까워지도록 노력해보자. 부동산과 친밀해지는 그 관계 형성 과정에서 이 책이 미약하나마 역할을 할 수 있는 가교가 되기를 희망한다.

추동훈

책과 함께 보면 좋은 추동훈 기자의 콘텐츠

▶ 유튜브 매부리TV

〈매일경제〉에서 운영하는 부동산 재테크 전문 채널 '매부리TV'는 부동산 뉴스, 분양, 청약 등 부동산 재테크 영역의 모든 것을 다루고 있습니다.

▶ 유튜브 자이앤트TV

위대한 개미의 든든한 동반자, '자이앤트TV'는 〈매일경제〉 증권부 기자와 금융업계 전문가들의 생생한 정보와 지혜를 전달합니다.

▶ 유튜브 추랜드

추동훈 기자가 직접 생생한 경제 전반의 뉴스와 소식을 전달합니다.

내 집 없이는
경제적 자유도 없다

2장 내 집 마련
필승 공식

3장 부동산 모르는
부자는 없다

4장 추 기자의
내 집 마련 분투기

5장 미래의 부를 위한
1만 시간의 원칙

6장 부동산과 정책의 상관관계

1장

내 집 없이는
경제적 자유도 없다

"경제란 석탄을 아끼는 데 있는 것이 아니라
그것이 불타고 있을 동안 시간을 이용하는 데 있다."

_랄프 에머슨(Ralph Emerson)

집값, 얼마나 올랐을까?

#OECD집값통계 #14% #52% #장기우상향의법칙

내 집 마련을 포기한 '집포자', 그리고 집값 상승률이 정상이 아니라며 곧 폭락할 것이라는 폭락론자가 넘쳐나는 와중에 이들이 아연실색할 만한 글로벌 통계 결과가 발표되었다. 경제협력개발기구(OECD)가 전 세계 43개국(가입 예정 국가 포함)의 실질 집값 상승률을 조사한 결과, 2020년 말 기준 과거 1년간 한국이 20위권으로 '중간'에 위치한다는 통계를 공개한 것이다. 2019년 말 대비 2020년 말 한국의 명목주택가격 상승률은 5.4%로 43개국 가운데 22위를 차지했다. 터키(29.9%), 러시아(23.3%), 미국(10.9%), 스웨덴

(10.3%), 캐나다(8.8%), 독일(8.1%) 등 주요국과 비교해보면 지난 1년 간 한국의 집값 상승률은 높지 않았다고 해석할 수 있다. 역사상 유례없는 집값 상승기라는 기사가 대서특필되고 있는 상황과 너무나도 상이한 결과에 많은 사람들이 의아했던 뉴스다.

이면을 살펴봐야 할 OECD 집값 통계

OECD 집값 통계를 다소 완곡하게 해석하면 한국이 덜 오른 게 아니라 전 세계 부동산이 다 함께 달아올랐다고 볼 수 있다. 최근 넘쳐흐른 유동성이 부동산 시장에 대거 유입되었다는 사실이 입증된 셈이다. 부동산 급등이 우리나라만의 문제가 아니라고 생각하면 불편했던 마음이 조금이나마 누그러질지 모르겠다. 물론 통계의 이면을 잘 살펴봐야 한다. 해당 통계는 전국 단위의 집값 변동률인 만큼 근 몇 년간 집값 상승이 서울·수도권에 집중된 한국의 과열 현상을 제대로 담아내기 어려울 수 있다. 또한 OECD는 실거래가지수가 아닌 한국부동산원의 주택가격지수를 참고했다.

전국 단위로 보면 한국의 집값 상승률은 낮아 보일 수 있다. 지역 경제를 이끌던 주력 산업의 불황으로 영호남 등의 지방 부동산 가격이 지속적으로 떨어지는 모습을 보였기 때문이다. 그러나 이 또한 여전히 상승 여력은 남아 있는 상태다. 이를 증명하듯이 최근 비규제 지역에서 풍선효과(어떤 부분의 문제를 해결하면 또 다른 부분에서 문제가 발생하는 현상)가 발생하고 있다는 뉴스가 심심치 않게 나오고 있다. 이 역시 정상적인 수요와 공급의 원칙이 아닌 투기 세력에 의한 움직임이란 우려도 있지만, 지방이 서울·수도권에 비해 저평가 상태였다는 지적에서 자유로울 수는 없다.

이성적으로 생각한다면 누구나 물가상승률과 가계소득 등 주요 지표가 완만하고 안정적으로 성장하길 바랄 것이다. 이를 감안하면 매년 반복되는 서울·수도권 부동산의 가파른 상승도, 지방의 급격한 하락도 바람직해 보이지는 않는다. 특히 최근 코로나19발 글로벌 경제위기와 이로 인해 촉발된 전 세계적인 유동성 확대 등의 복잡한 고차방정식을 어떻게 푸느냐를 두고 갑론을박이 뜨겁다. 유동성이 쌓이다 못해 흘러넘치다 보니 주식, 부동산 등 주요 재테크 시장의 원칙이 뒤흔들리고 있는 상황이다.

정부와 시민단체의 공방
14% vs. 52%

서울 집값이 얼마나 올랐느냐를 놓고 정부와 시민단체는 항상 치열한 공방을 벌이고 있다. 정부와 시민단체가 내세운 숫자는 각각 14%와 52%로 그 수치 차이만 무려 3배가량이다. 이 수치는 문재인 정부가 들어서고 3년간 서울 집값이 얼마나 올랐느냐에 대한 양측의 대답이다. 경제정의실천시민연합(경실련)은 2020년 6월 23일 서울 아파트 중위값이 문재인 정부 3년 동안 52% 상승했다고 밝혔다. 금액으로는 약 3억 1천만 원이 상승한 셈이다. 경실련은 이 수치가 이명박 정부, 박근혜 정부 시절 동안의 상승률인 26% 대비 약 2배 수준이라고 덧붙였다. 이에 국토교통부는 한국부동산원 주택가격동행조사 자료를 근거로 경실련의 발표가 통계를 과잉 해석했다고 반박했다. 정부 측에 따르면 서울 아파트 중위값 상승률은 14.2%라는 설명이다.

중위값이란 자료를 가장 작은 값부터 가장 큰 값까지 순서대로 나열했을 때 가운데 위치한 값으로, 부동산 통계에서는 평균가격과 더불어 가장 자주 쓰이는 데이터다. 두 기관의 이러한 극명한 차이는 서로 다른 출처를 기반으로 했기 때문인데 경실련은 KB국민은행 부동산 자료를, 국토교통부는 한국부동산원 자료를 인용했다고 한다.

경실련은 "이번 분석에 주택은행 시절인 1970년대부터 주택 가격 통계를 작성했던 KB국민은행 부동산 자료를 이용했다."라며 "수십 년 통계를 작성하던 기관의 자료가 부정확하다면 그 근거부터 공개해야 한다."라고 재반박했다. 좀 더 구체적으로 살펴보면 경실련은 2008년부터 제공되는 KB국민은행 부동산의 자료를 활용

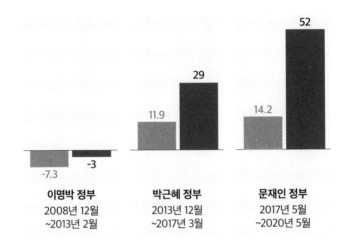

기관별 서울 아파트 가격 변동률 통계 비교

■ 한국부동산원 ■ KB국민은행 부동산 (단위: %)

52

29

11.9 14.2

-3
-7.3

이명박 정부 박근혜 정부 문재인 정부
2008년 12월 2013년 12월 2017년 5월
~2013년 2월 ~2017년 3월 ~2020년 5월

자료: 한국부동산원, KB국민은행 부동산

했으며, 정권 출범 첫 달인 2017년 5월과 2020년 5월의 아파트 중
위값을 비교했다고 공개했다. 특히 이명박 정부에서는 서울 아파
트 가격이 3% 하락했고, 박근혜 정부 시절에는 29% 상승했다며
과거 8년간 상승률 대비 이번 정권의 부동산 상승폭이 훨씬 가팔
랐다고 비판했다. 이러한 가파른 서울 아파트 가격 상승으로 인한
불로소득이 계층 간, 지역 간 불평등을 야기할 수 있다는 우려를
표하기도 했다.

국토교통부는 중위값은 저가 노후 아파트 멸실과 신축 고가 아
파트 공급에 따라 상승폭이 커지는 경향성이 있으므로 부정확한

통계라고 해석했다. 또 2008년 글로벌 금융위기 이후 글로벌 부동산 경기 역시 장기 하락 후 상승 사이클에 접어들었던 만큼, 이번 상승장 역시 국내만의 문제라고 해석하기엔 무리가 있다는 설명이다. 정부의 설명대로 주택과 관련된 통계가 너무나 다양하고 많기에 현상을 왜곡할 우려가 없는 것은 아니다. 하지만 없던 자료가 만들어져 나오는 것도 아니고 실제 그러한 상승이 이뤄지고 있다는 측면만큼은 부정할 수 없는 현실이다. 경실련은 재반박 자료를 또 내놓으며 정부에게 집값이 14%밖에 오르지 않은 정확하고 객관적인 근거를 내놓으라고 강하게 항변했다.

경실련 관계자는 "한국부동산원 지역별 아파트 실거래가지수 통계에 따르면 2017년 5월 93.8이던 지수가 2020년 3월 136.3으로 증가했다."며 "정부가 공신력이 있다며 내세운 한국부동산원 통계조차도 상당히 올랐음을 확인해주고 있다."고 덧붙였다. 이처럼 양측의 입장이 갈림에도 불구하고 일반 국민의 관점에서는 경실련 측의 의견에 힘이 실리는 상황이다.

여러 통계 결과와 더불어 주요 집값 통계로 불리는 부동산114의 데이터 역시 경실련의 주장을 뒷받침한다. 2019년 11월, 문재인 대통령은 '국민과의 대화' 시간을 통해 "부동산 문제는 우리 정부가 자신 있다고 장담하고 싶다."라며 집값을 정상화시키겠다는 의지를 밝혔다. 부동산을 경기 부양 수단으로 쓰지 않겠다는 이야기도 덧붙였다. 그리고 행사 다음 날, 부동산114는 문재인 정부 30개월 동안 실거래된 서울 아파트 가격을 전수조사한 결과 집값이 40% 상승했다는 자료를 발표했다. 이처럼 서울 집값은 최근 몇 년 간 그 어떤 투자 상품보다 높은 수익률을 기록했다.

그럼 서울 및 수도권을 제외한 다른 지역의 집값은 어땠을까? 부동산114 자료에 의하면 2018년 1월 전국 아파트 3.3m²당 평균 매매가는 1,140만 원이었다. 이후 해당 가격은 2년 6개월이 지난 2020년 6월 1,363만 원까지 치솟아 역대 최고치의 상승폭을 기록했다. 서울은 같은 기간 2,225만 원에서 2,997만 원으로 당연히(?) 가장 높은 상승폭을 보였다. 전국 17개 광역 지방자치단체를 살펴보면 집값이 떨어진 지역은 울산, 강원, 경남, 충북 등 몇 곳에 불과했다. 이들 역시 지역 경기가 불황을 겪으며 바닥을 치다 최근 들어 반등의 시그널을 보이며 빠르게 회복세에 접어들었다.

하락한 지역을 제외한 나머지 13개 지자체는 상승했는데 지역마다 상승의 이유는 다르다. 경기도와 인천 등 수도권은 서울에 밀려 빛을 보지 못하다 최근 빠르게 '키 맞추기'에 들어갔다. 대전, 대구, 광주 등 광역시 3인방은 노후화된 구도심 재개발이 활발히 이뤄지며 가격을 끌어올렸다. 제주도는 반대로 중국 및 해외 자본의 힘으로 폭등했던 아파트 가격이 최근 들어 하락세로 전환하며 상승폭이 크게 줄었다. 이유는 다 다르지만 어쨌든 공통적으로 몇 년간 집값이 올랐다는 사실은 변함이 없다.

부동산 장기 우상향은
만고불변의 원칙

부동산 시장에서는 만고불변의 원칙처럼 언급되는 표현이 있다. 바로 '장기 우상향의 법칙'이다. 오래 갖고 있으면 땅값과 집값은 배신하지 않는다는 내용이 핵심이다. 과거 1990년대 후반 IMF 외환위기와 2000년대 후반 글로벌 금융위기를 경험하며 우리는 부동산이 흔들릴지언정 꺾이지는 않는다는 것을 깨달았다. 불황이 전 경제 영역에 파급효과를 미치면 부동산도 타격을 입을 수밖에 없지만 그래도 그중 가장 맷집 좋고 회복이 빠른 것은 부동산이었다. 땅의 가치는 없어지지 않기에 어떻게든 버티기만 하면 결국엔 빛을 보기 때문이다. 물론 2008년 글로벌 금융위기 당시 강남 집값이 절반 가까이 빠졌다 원점을 회복하기까지 10여 년의 긴 시간이 걸리기는 했다. 하지만 결과적으로 현재 부동산 가격은 다시 상승 사이클에 올라탄 상태다.

점차 낮아지는
주택 구입 나이

#30대의약진 #서울은유출 #경기도는유입

한국부동산원은 지난 2019년부터 연령대별 아파트 매입 나이 통계를 발표했다. 처음 발표된 연령대별 데이터는 흥미로는 분석과 결과를 내놓았다. 소위 부동산 매입 시장의 큰손이 5060세대에서 3040세대로 완전히 뒤바뀌었기 때문이다. 특히 이제 막 결혼을 하고, 어린 자녀를 키우고, 사회에서 두각을 드러내기 시작한 30대의 약진이 두드러졌다.

2019년 1월, 전국 아파트 거래량 3만 1,305건 중 가장 많은 비중을 차지한 연령대는 40대(9,182건)였다. 이어 30대가 7,612건으로 2위, 50대가 6,524건으로 3위를 차지했다. 이후 2월과 3월에도 30대와 50대는 각각 6천 건대와 7천 건대를 기록하며 40대에 이어 엎치락뒤치락 자웅을 겨뤘다. 하지만 하반기에 접어들어 거래량이 급증하면서 30대가 분주하게 움직이기 시작했다. 50대와 격차를 벌린 30대는 40대의 거래량에 바짝 따라붙으며 시장의 주도 세력으로 자리매김했다. 30대는 전국 거래량에서 40대를 뛰어넘지 못했지만 특히 서울에서 약진했다.

서울 아파트 시장을
뒤흔든 30대

2019년 1월, 서울 아파트 거래량 1,889건 중 40대는 536건으로 1위, 30대는 479건으로 2위를 차지했다. 처음 공개된 자료다 보니 언론에서도 30대와 40대가 부동산 시장의 새로운 큰손으로 떠올랐다는 기사를 심도 있게 다뤘다. 무주택 기간이나 부양가족 수로 점수를 매기는 청약제도에서 불리할 수밖에 없는 30대가 청약 시장에서 밀려나고, 공공분양 및 임대 시장의 도움을 제대로 받지 못하면서 주택 매입에 뛰어들었다는 분석이다. 그런데 바로 다음 달인 2019년 2월, 30대는 1위인 40대를 넘어 서울 아파트 거래량에서 1위를 차지했다. 전체 거래량 1,624건 중 30대가 446건, 40대가

390건을 차지한 것이다. 주택 공급 시장에서 버림받은 30대의 분노가 주택 매입으로 이어졌다는 분석이다. 적어도 서울 아파트 시장에서만큼은 선도 세력으로 떠오른 것이다.

전국에서 가장 집값이 비싸다는 서울 아파트 매입 시장에서 50대는 확실한 3인자로 자리 잡았다. 치열한 1~2위 싸움을 펼친 30대와 40대의 진검승부는 2020년까지 이어졌고, 이후 완전히 30대의 승리로 막을 내리는 분위기다. 2020년 1월, 서울 시내 아파트 매입 1위 연령대는 3,188건의 30대였고, 2위는 3,033건의 40대였다. 그다음 달인 2월에도 30대는 3,141건으로 40대 2,621건을 훨씬 웃돌았다. 이제는 30대가 서울 아파트 시장의 확실한 주도 세력으로 자리매김한 것이다. 2020년 들어 월간 서울 아파트 거래량 중 30대가 다른 연령대에 뒤처진 적은 단 한 번도 없었다.

통계를 통해서 확인된 30대의 약진은 국내 부동산 시장의 슬픈 자화상이기도 하다. 사실 내 집 한 채는 꼭 있어야 한다는 재테크에 대한 인식은 과거 5060세대 가장들의 전유물이었다. 부동산 투자는 현재에 충실하고 더 소중한 가치에 투자하고 싶어 하는 2030세대의 라이프스타일과는 맞지 않다. 오히려 한때 '집을 꼭 사야 하는가?' 하는 2030세대의 반문이 끊이지 않았던 시절도 있었다. 하지만 집을 갖고 있는 것만으로도 수억 원의 불로소득이 발생하고, 집이 있느냐 없느냐로 계급이 정해지는 사회적 풍조 속에서 30대의 불안감이 부풀어 올랐다. 또 지금 막차로 집을 사지 않으면 평생 내 집을 가질 수 없을 것 같다는 공포감까지 더해지면서 가뜩이나 부족하고 쪼들리는 30대들이 대거 모든 재산을 부동산에 쏟아붓는 시대가 도래했다. 특히 84점 만점에 60~70점은 되어야 당첨 여부를 타진할 수 있는 청약제도로 인해 30대의 설 자리는 점점 줄어들 수밖에 없었다.

서울에서 밀려나고 있는
사회초년생과 청년층

30대 약진의 이면에는 어두운 그림자도 존재한다. 한국고용정보원이 발표한 〈청년층의 지역 간 인구이동 현황 및 특징〉에 의하면 약 11년간(2007~2018년) 청년 인구의 서울 유입 비율은 9.4%인 반면, 유출 비율은 19.9%로 유입에 비해 유출이 2배나 높았다. 같은 기간 경기 지역에서는 청년 인구의 유입 비율이 21.5%로 유출 비율 10.0%보다 유입이 2배 이상 높아 서울과 반대의 결과를 보였다. 이는 주택 가격이 급상승하면서 청년들이 서울에서 빠져나와 경기도로 유입된 것으로 해석할 수 있다. 실제 2019년 통계청이 발표한 인구 이동 통계에 따르면 서울에서 경기로 이동한 인구는 9만 1,954명으로 전체 유입 인구의 약 68%를 차지하고 있다. 일반 아파트 외에 1인 가구가 거주하는 전·월세 부동산의 가격이 상승하면서 부담을 이기지 못한 젊은이들이 외곽으로 밀려난 것이다.

부동산 중개 플랫폼 다방에 따르면 2020년 1분기 서울 원룸(계약면적 30m² 이하)의 평균 전세금은 1억 4,388만 원으로 2019년보다 1,870만 원 올랐다고 한다. 서울 원룸의 평균 월세는 53만 원이고, 강남구(114만 원), 서대문구(79만 원), 성동구(73만 원)의 방 2~3개짜리 집 월세는 근래 들어 최고가를 기록했다. 이처럼 주거 부담이 나날이 늘어나면서 아예 집을 사거나, 아예 서울을 떠나는 양극화 현상이 지속적으로 확대되는 분위기다. 문제는 한 번 밀려난 1인 가구가 향후 다시 서울로 재진입할 기회를 얻기란 쉽지 않을 것이라는 전망이 지배적이란 것이다.

황광훈 한국고용정보원 고용통계조사팀 책임연구원은 "지난 10여 년간 수도권은 다른 지역과 달리 20~30대 유입 인구가 많았는데 그중에서도 서울은 유출 현상이, 경기도에서는 유입 현상이 뚜렷하다."며 "서울의 주택 가격이 상승하고 경기 지역 내 신도시가 개발되면서 서울 청년 인구가 일부 경기 지역으로 이동한 것으로 보인다."고 강조한 바 있다.

정부는 사회초년생과 청년층을 위한 공공주택 비율을 지속적으로 늘리고 있지만 여전히 턱없이 부족하다는 것이 실제 수요자들의 목소리다. 국토교통부가 발표한 〈2020년 주거종합계획〉에 따르면 정부는 2020년 안에 공공임대 및 공공지원 임대주택을 총 18만 1천 호 공급할 계획으로, 특히 청년을 대상으로 한 공공주택은 4만

3천 호로 집계되었다. 이는 지난 2018년(3만 5천 호)과 2019년(4만 1천 호)에 계획한 규모보다 늘어난 수치지만 실제 효과는 미미할 것으로 보인다.

인구론과
세대론

#인구는줄고 #수요는늘고 #서울의기현상

미래 부동산 가격을 예측하는 데 있어 주요 변수로 꼽히는 것이 바로 인구구조의 변화다. 향후 한국의 미래 인구는 감소할 가능성이 무척 높은 만큼 수요 감소로 인한 집값 하락을 예측할 때 이러한 인구구조론이 자주 인용된다. 실제 통계청 자료에 따르면 대한민국 인구는 2027년 5,193만 명으로 정점을 찍은 후 감소해 2067년에는 3,929만 명까지 축소될 전망이다. 1977년 3,641만 명이던 인구가 1987년에 4,162만 명으로 증가했는데 2067년에는 다시 대략 1970년대 후반~1980년대 초반의 인구로 회귀하는 셈이다. 이러한 인구 감소는 자연스럽게 수요의 축소로 이어지기 때문에 결국 집값이 상승세를 멈추고 되레 하락으로 전환될 것이라는 주장은 일리가 있어 보인다.

하지만 시도별 인구를 살펴보면 조금 이야기가 달라진다. 서울의 경우 2017년 976만 명을 기록한 뒤 2022년 948만 명, 2027년 922만 명으로 점진적으로 감소할 전망이다. 반면 서울의 대체 지역인 경기도의 경우 2017년 1,278만 명에서, 2022년 1,369만 명, 2027년에는 1,411만 명으로 늘어난다. 이러한 경기도 인구의 증가는 2037년 1,444만 명으로 정점을 찍은 뒤에야 비로소 감소할 것으로 예측된다. 즉 총인구 대비 서울·수도권 인구 비중은 전체 인구가 감소하는 시점에도 버틸 체력을 비축하고 있단 뜻이다.

비수도권을 넘어선 수도권 인구

수도권 집중화가 심한 우리나라의 특성상 서울·수도권의 인구 감소는 최소 20년 후에나 벌어질 머나먼 일이다. 실제로 2017년 대비 2047년 인구 비율을 따져보면 수도권 인구는 불과 22만 명(-0.9%) 줄어드는 반면, 영남권은 199만 명(15.2%)이나 감소하게 될 전망이다.

이와 관련해 최근에는 수도권 인구가 처음으로 비수도권 인구를 넘어섰다는 통계 결과도 나왔다. 2020년 통계청이 발표한 '최근 20년간 수도권 인구 이동과 향후 인구 전망' 보도자료에 의하면 2020년 수도권 인구는 2,596만 명으로 비수도권(2,582만 명)을 14만 명 웃도는 것으로 전망되었다. 1970년대 913만 명이던 수도권 인구는 지난 50년간 1,683만 명 증가한 반면, 비수도권은 271만 명 늘어나 결과가 역전된 것이다. 정부는 도심 집중화 현상을 막기 위해 공공기관 지방 이전, 정부 부처 세종시 이전 등을 추진했지만 반짝효과에 그친 것으로 분석되었다.

수도권 이동 현상이 주춤했던 2011년부터 2016년에는 6년 연속 수도권 인구가 순유출되는 현상이 일어났다. 하지만 2017년 1만 6천만 명이 순유입된 이후 2019년에는 무려 8만 3천 명이 순유입되면서 수도권 집중화를 막지 못했다는 평가다. 특히 지방의 10~20대 젊은층이 학교와 직장을 찾아 지속적으로 상경한 것이 결정적 요인으로 꼽힌다. 실제 행정안전부가 발표한 〈2019년 주민등록인구통계〉에 따르면 2018년과 비교해 인구가 늘어난 시·군·구 1~10위는 모두 수도권 지역이었다. 반면 부산, 대구, 전북, 대전, 전남 등 대부분의 비수도권 인구는 감소했다.

서울 인구가 꾸준하고 지속적으로 줄어들고 있음에도 불구하고 서울 집값이 폭발적으로 오르는 이유는 무엇일까? 서울 집값은 통계적으로 인구가 줄어 수요가 감소하면 집값이 떨어질 것이란 예측과는 완전히 반대로 움직이고 있다. 쉽게 말해 서울은 인구가 줄어도 수요는 계속 늘어나는 기현상이 펼쳐지는 도시다. 이와 관련해 일부 부동산 전문가들은 부동산도 희소한 가치를 소유하려는 필수재이자 투자재, 사치재의 성격을 갖고 있다고 강변한다. 재화의 수는 제한되어 있고 이를 갖고 싶어 하는 욕망이 커질수록 재화의 가격이 올라간다는 자연스런 이치로 봐야 한다는 것이다. 서울 집값은, 특히 핵심지는 앞으로도 일부 조정이 있을지언정 폭락은 없다는 것이 이들의 주장이다.

서울 집값은
과연 떨어질까?

그렇다면 중장기적으로 서울시가 인구 900만 명의 벽이 깨지고 800만 명대로 진입하는 2037년에는 서울 집값이 떨어질까? 애석하게도 많은 전문가가 단순히 인구 감소만 놓고 서울 집값을 예측하는 것은 매우 일차원적인 분석이라고 지적한다. 박합수 KB국민은행 수석부동산전문위원은 "경기도가 서울의 대체재이자 보완재인 것과 달리 서울은 우리나라 어디에서도 대체재가 없는 상품이다. 서울 안에서도 외곽보단 중심지, 그리고 강남권으로 살펴보면 대체 불가능한 입지와 환경을 갖추고 있어 집값이 떨어질 수가 없다."라고 설명하고 있다. 즉 인구론으로 집값이 오르고 내린다고 판단하기에는 너무나 많은 대외 변수가 있음을 인식하고 있어야 한다는 뜻이다.

가구 구조의 변화 역시 눈여겨봐야 한다. 통계청에 따르면 2017년 대한민국의 총 가구수는 1,957만 가구로 이 중 1인 가구는 558만 가구로 28.5%를 차지한다. 총 가구수 역시 점진적으로 늘어나 2042년 2,261만 가구로 최고치를 기록할 전망이다. 특히 1인 가구 비중은 더욱 늘어 829만 가구로 36%를 차지할 예정이다. 1인 가구는 이후에도 계속 늘어나 2047년에는 832만 가구로 증가한다는 것이 통계청의 설명인데, 즉 줄어드는 인구 대비 가구수가 지속적으로 늘어나는 가장 직접적인 원인이 바로 1인 가구의 확대인 것이다. 이런 1인 가구의 증가와 1020세대의 끊임없는 유입으로 소형 부동산 시장이란 블루오션은 더욱 확대될 전망이다.

그래서 내 집이
필요하다

#1~2인가구 #주택소유율 #확대 #내집마련

그래서 내 집이 필요한 이유는 무엇일까? 지금까지 언급한 내용을 한 문장으로 요약하면 다음과 같다.

최근 집값의 가파른 상승으로 합리적인 금액으로 집 구입에 실패한 30대가 적극적으로 아파트 매입에 나선 가운데, 2020년 처음으로 수도권 인구가 지방 인구를 넘어섰고, 서울 인구가 줄어든다는 예측에도 서울의 주택 수요는 지속적으로 늘어날 것이다.

많은 사람이 집값이 너무 올랐다며 정부 정책을 비판하고, 이성이 마비되었다고 시장을 비난하고 있다. 필자 역시 몇 년간 주택 시장을 취재하면서 상식과 기존의 통념이 붕괴되는 상황을 만나며 많은 혼란을 겪었다. 하지만 미시적인 관점이 아닌 거시적인 관점에서 바라보면 여러 객관적인 지표들과 데이터는 일관되게 '장기 우상향'을 가리키고 있다. 사람은 배신하지만 땅은 배신하지 않는다. 특히 누구나 갖고 싶고, 살고 싶은 서울의 땅과 집은 시간이 흐르면 흐를수록 그 가치가 커질 수밖에 없다.

지역과 연령을 불문한
내 집 마련 욕구

표본 6만 가구를 대상으로 매년 시행되는 국토교통부의 2019년 주거실태조사에 따르면 전국의 자가점유율과 자가보유율은 2006년에 최고치를 기록했다. 자가점유율은 자가에 거주하고 있는 비율이고, 자가보유율은 직접 거주하지 않아도 집을 보유하고 있는 경우를 포함한다. 2019년 자가점유율은 58%로 2006년 55.6%보다 2.4%p 증가했다. 지역별로 살펴보면 수도권은 50%, 광역시는 60.4%, 도지역은 68.8%다. 아무래도 부동산 가격이 높은 수도권과 광역시가 도 지역보다 상대적으로 자가점유율이 낮은 것이 일반적이다.

주택을 꼭 자가로 보유해야 하는지에 대한 조사인 '주택보유의식' 조사에 따르면 84.1%가 꼭 필요하다고 답해 조사 이래 가장 높은 수치를 기록했다. 연령대별로 살펴봐도 40세 미만 76.9%, 40대 84.7%, 50대 85.2%로 전 연령대에서 주택 보유의 필요성이 크다고 답했다. 특히 주택을 보유하려는 이유에 대한 조사에선 89.7%가 주거 안정을 이유로 꼽았으며, 자산 증식과 노후자금이 각각 7.1%, 3.3%로 뒤를 이었다. 내 집 마련에 대한 열망은 지역과 연령을 불문하고 매우 높다는 것이다.

통계청이 2020년 11월에 발표한 〈2018년 주택소유통계 결과〉를 살펴보면 보다 구체적인 내용을 살펴볼 수 있다. 2018년 기준 일반 가구는 1,997만 가구다. 이 중 주택 소유 가구는 1,123만 가구로 56.2%의 주택소유율을 기록했다. 전국에서 주택소유율이 가장 낮은 지역은 서울로 384만 가구 중 188만 가구가 주택을 보유해 49.1%의 주택소유율을 보였다. 무주택 가구는 196만 가구로 이는 2017년 49.2%보다 0.1%p 감소한 수치다. 구별로 살펴보면 서울 관악구가 37.1%로 전국에서 가장 낮았고, 이어 중구(41.6%), 광진구(42.2%), 용산구(44.9%), 마포구(45.1%) 순이었다. 주택소유율이 낮은 상위 시·군·구 1~5위를 모두 서울이 독차지했는데, 이를 통해 여전히 서울의 절반 이상이 무주택자인 것을 알 수 있다.

연령대별 주택소유율을 살펴보면 30대는 42.1%인 반면, 50대는

63.1%로 20%p 이상 차이가 났다. 최근 주택 매입에 나선 30대가 대폭 늘어난 점을 감안하면 앞으로 그 격차는 좁혀질 가능성이 크다. 또한 2017년 160만 가구였던 1인 가구 중 주택 소유 가구수가 2018년에는 170만 가구로 늘어나면서 6.1% 증가했다. 이는 가구원 수 기준으로 가장 높은 증가율이다. 특히 주택을 보유한 가구원수 중 2인 가구가 338만 가구(30.1%)로 가장 많았다. 해당 데이터를 통해 1~2인 가구의 주택소유율이 확대되었음을 알 수 있다.

그래서 집은
언제 사야 할까?

자, 이제 독자들에게 묻고 싶다. 1주택자이거나 다주택자에게 묻는 게 아니다. 이제 막 사회생활을 시작해 부동산 공부에 첫발을 디딘 부린이에게, 결혼을 앞두고 매매를 할지 전세를 살지 고민하고 있는 예비 신혼부부에게, 시드머니를 모으고 있는데 최근 집값이 너무 올라 고민에 빠진 무주택자에게 묻고 싶다. 이런 상황에서 가만히 있어도 되는 걸까?

"언제 집 사면 될까요?" 업무상 수많은 부동산 투자·자문 전문가를 만났을 때마다 했던 질문이다. 이런 질문에 어떤 전문가는 현재 가지고 있는 자금이 얼마냐고 묻고, 또 어떤 전문가는 직장이 어디냐고 묻기도 했다. 또 그런 조건 같은 거 따지지도 않고 딱 지도를 찍어 여기를 사라는 전문가도 있었다. 결론은 대부분 비슷했다.

> "당신이 무주택자라면 실거주 조건에 부합하는 서울 시내 집을 '지
> 금' 사세요."

너무 많이 오르지 않았냐며 좀 더 기다려보면 어떻겠냐는 반문에 대해서도 공통적으로 실거주 집이라면 여력과 형편에 맞춰 '지금' 사라는 우문현답이 돌아왔다. 즉 지금 집을 샀다가 집값이 떨어지면 그냥 더 살면 되는 것이고, 집값이 오르면 팔면 된다는 것이다. 당장 조정이 있더라도 중장기적으로는 오를 수밖에 없는 것이 바로 서울 집값이라고 공통적인 견해를 내놓았다. 물론 그렇다고 아무 조건도 따지지 말라는 건 아니다. 앞으로 소개할 기본적인 부동산 지식과 정보를 활용한다면 '절대 실패하지 않는 1주택자 되기' 전략을 짤 수 있을 것이다.

현재 집값의 흐름은 상승 사이클 그 어디쯤에 위치해 있다. 매년 집값이 떨어질 것이란 전문가들의 예측이 데자뷔처럼 반복되지만 최근 약 5년여간 상승 기류가 이어지고 있는 것은 분명하다. 코로나19 바이러스가 불러올 글로벌 경제위기 우려가 커지는 와중에도 부동산만큼은 또 활활 타며 이상기류를 뿜어내고 있다. 참으로 요상한 부동산 시장 한가운데서 나침반 없이 헤매고 있는 부린이 및

무주택자 독자들이여. 일단 공부를 시작하자. 열심히 공부하고 정보를 모아 똘똘한 내 집 한 채 마련하는 것. 내 집이 주는 안락함과 더불어 집값 변동에 일희일비하지 않는 것만으로도 절대 손해가 아니라고 확신한다. 자, 그럼 본격적으로 함께 공부를 시작해보자.

내 집 마련
필승 공식

"많은 사람들이 부자가 되길 원한다.
그러나 대부분의 사람들은 원하기만 하지 부자가 되려고 행동하지 않는다."

_짐 로저스(Jim Rogers)

내 집 마련의
한 줄기 빛, 청약

#청약제도 #가점제 #추첨제

부동산에 대해 관심을 갖기 시작하는 사람들은 크게 두 가지 부류로 나뉜다. 진짜 내가 살 집을 마련하기 위한 '실거주 수요'와 집을 통해 시세차익을 얻기 위한 '투자 수요'다. 일반적으로 내 집 마련이라는 목표가 설정되면 자연스럽게 어떤 집을 살 것인지, 어떻게 내 집 마련을 할 것인지에 대한 관심이 커진다. 부동산 공부는 보통 이렇게 시작된다.

소위 생애주기별로 살펴보면 부모와 함께 살거나 고시원, 원룸, 하숙 등 1인 주거 형태에서 생활하는 20대의 경우 부동산에 딱히 관심이 없는 게 일반적이다. 이후 연애를 하고 결혼을 준비하면서 자연스럽게 '내 집 마련'이라는 구체적인 목표가 생긴다. 이에 따라 전세 또는 매매 등을 통해 새로운 주거 형태를 선택하며 자연스럽게 부동산 투자로 이어지는 식이다. 보편적으로 살펴보면 이처럼 부동산 투자란 삶의 궤적에 따른 주요한 경제적 의사결정의 한 흐름이었다. 실제로 필자도 같은 길을 걸었다.

하지만 시대가 바뀌었다. 일찍 내 집 마련의 꿈을 꾸며 부동산 공부에 매진하는 젊은이들이 넘쳐나고 있다. 소액을 활용한 갭투자 등으로 시드머니를 마련해 내 집을 사겠다는 당돌하고 적극적인 역발상 투자자들이 넘쳐나는 시대다. 이리로 가나 저리로 가나 목표는 하나다. 똘똘한 내 집 한 채를 마련하겠다는 것. 내 이름 석 자를 부동산 등기부등본에 새기고 말겠다는 것. 시세차익의 달콤한 과실을 누리거나 실거주의 안락함을 얻겠다는 것. 여러모로 내 집 마련은 더 나은 삶을 위한 필수 요소인 셈이다.

매수인 우세장 vs. 매도인 우세장

자, 그럼 내 집을 갖는 방법은 무엇이 있을까? 당연히 집을 사는 것이 내 집을 갖는 가장 쉽고 직관적인 방법이다. 자본 시장에서의 일반적인 재화 거래와 달리 부동산은 부동산이 가진 특수성으로 인해 조금 다양한 방식으로 거래가 이뤄진다. 가장 쉬운 방법은 현재 사람들이 살고 있는 일반 아파트를 개인 간 거래하는 것이다. 소위 '복덕방'이라 불리는 공인중개사무소에 방문해 예산에 맞는 집을 소개받고 구경한 뒤 그 집을 계약하고 사면 된다. 일반적인 주택 거래는 집을 팔고자 하는 매도인과 집을 사고자 하는 매수인 간의 협상을 통해 이뤄진다. 양측의 치열한 눈치 싸움과 신경전의 산물이라고 볼 수 있다.

한국에서 가장 일반적인 주거 형태인 아파트로 예를 들어보자. 집이란 과자나 아이스크림처럼 하루 만에 수십만 개씩 만들어내고 장바구니에 담는 소비재가 아니다. 결국 수량이 제한된 부동산 거래의 특성상 소비자 권장가 없이 시장의 분위기에 따라 그 시세가 춤출 수밖에 없다. 하물며 아파트는 적게는 수억 원, 많게는 수십억 원을 호가하는 물건이다. 당연히 매도인과 매수인이 맞붙잡은 줄이 팽팽해질 수밖에 없다.

주택을 매입하려는 사람보다 주택을 팔려는 사람이 더 많을 경우 아무래도 매수희망자가 매도인보다 유리한 패를 쥐게 된다. 이를 '매수인 우세장'이라 부른다. 매수인 우세장에서 집값은 아무래도 내려갈 가능성이 크다. 집을 팔려는 사람들이 줄을 서면 급매가 나오거나 조금이라도 싸게 처분하는 경우가 많아지기 때문이다. 반면 매수희망자에 비해 집을 팔려는 사람이 적으면 '매도인

매도인 우세장 vs. 매수인 우세장			
구분	집값 전망	장 주도권	우려되는 상황
매도인 우세장	상승 가능성 높음	매도인	패닉 바잉
매수인 우세장	하락 가능성 높음	매수인	패닉 셀링

우세장'이 형성된다. 집을 팔려는 사람보다 사려는 사람이 많다는 건 공급보다 수요가 많다는 의미다. 이때는 시세가 올라갈 수밖에 없다.

현재 대한민국의 수도, 서울에서 벌어지고 있는 현상이 바로 매도인 우세장이다. 특히 '집값은 심리'라는 말이 있듯이 집값이 더 오를 것 같다는 시장 분위기가 형성되면 묻지도 따지지도 않고 집을 사려 하는 '패닉바잉'이 줄지어 이어진다. 이는 한정판 모델이 출시된 프랜차이즈 신발 매장의 분위기와 흡사하다. 매도인 우세장에서는 마음에 드는 아파트를 보고 왔는데 다른 매수희망자가 집을 보지도 않고 계약금을 입금해 놓쳤다는 이야기가 심심치 않게 들린다. '좀 더 생각해보고 다시 올게요.' 하는 말이 무색하다 보니, 집 상태는 어떻고, 주변에 편의시설은 얼마나 있고, 환경은 괜찮은지를 따져볼 겨를도 없이 집을 사는 경우가 꽤 있다. '지금이 가장 싸다.'는 인식이 팽배해지면 벌어지는 일이다.

사려는 사람들이 몰려들면 집주인은 매물을 거둬들이고 호가를 1억 원씩 올리거나, 계약서를 작성하는 현장에서 수천만 원씩 가격을 더 높이곤 한다. 집값이 가파르게 오르면 계약금의 배액을 물어 주면서까지 부동산 계약을 파기하는 사례도 등장하곤 한다. 집값이 계약금의 배액보다 훨씬 더 크게 오를 경우 일부 손해를 감수하더라도 계약을 취소하는 게 이득이기 때문이다. 이래저래 집 사려는 사람들의 수난 시대다.

가장 효과적이고 효율적인 길, 청약제도

매도인 우세장이 형성되어 내 집 마련이 어려워진 상황에서는 결국 '청약제도'만한 것이 없다. 청약제도는 내 명의의 집을 갖기 위한 가장 효과적이고 효율적인 길이다. 청약제도를 눈여겨봐야 하는 이유는 어떤 거래 방식보다 가장 저렴하게 새집을 살 수 있기 때문이다. 통상적으로 청약을 통해 주택을 공급하고자 하는 민간사업자는 한국부동산원의 심의를 거쳐 분양가격을 매긴다. 공시지가, 건축비 등 다양한 요소를 반영하고 정책적 결단에 의해 분양가격이 결정되는 만큼 대개 인근 아파트 시세에 비해 저렴할 수밖에 없다. 뉴스 헤드라인에서 쉽게 접할 수 있는 '로또청약'이란 말도 주변 시세보다 수억 원가량 저렴한 가격으로 주택이 공급되면서 생긴 말이다. 청약 당첨 후 2~3년 뒤에 아파트가 지어지기 때문에 최신 건축기술이 적용된 최상의 집에 거주할 특권을 가질 수 있다. 즉 '실거주'와 '투자 수익'이라는 두 마리 토끼를 다 잡을 수 있는 지름길이 바로 청약 당첨인 것이다.

물론 청약제도가 단점이 없는 것은 아니다. 단점이 딱 하나 있는데 바로 당첨 확률이 하늘의 별 따기란 것이다. 장점이 워낙 많다 보니 청약 경쟁률은 나날이 높아져 수십 대 1은 고사하고 수백 대 1의 경쟁률도 흔한 상황이다.

청약제도는 서울 주택난을 해소하기 위한 1977년 공공주택 분양에 처음 도입되었다. 즉 집이 없는 무주택자 등을 위한 신축 아파트 공급 정책이 바로 청약제도다. 시작 당시 공공주택은 무주택 1순위 자격 보유자를 대상으로 추첨을 진행했고, 민영주택은 모든 1순위 자격 보유자를 대상으로 추첨하는 방식이었다. 초기에는 다자녀 무주택자, 고령 무주택자 등에게 우선순위가 돌아갔고, 1990년대에는 정관수술을 하면 청약가점을 더 받기도 했다. 이후 주택 수급과 도심 개발 정책, 경기 상황 등 여러 가지 제반 요소에 따라 제도가 지속적으로 수정되고 보완되면서 청약제도는 현재까지 명맥을 이어오고 있다. 과거에는 국민주택 청약만 가능했던 청약저축, 민영주택 청약을 위한 청약예금, 청약부금 등 목적별로 청약통장이 나뉘어 있었으나 현재는 '주택청약종합저축'으로 일원화되었다.

청약제도는 청약통장에 가입해 일정한 조건을 갖추면 아파트 청

가점제와 추첨제 선정 비율		
구분	전용면적 85m² 이하	전용면적 85m²초과
투기과열지구	· 가점제 100% · 추첨제 0%	· 가점제 50% · 추첨제 50%
청약과열지구	· 가점제 75% · 추첨제 25%	· 가점제 30% · 추첨제 70%
수도권 내 공공택지	· 가점제 100% · 추첨제 0%	· 가점제 0~50% · 추첨제 50~100%
기타	· 가점제 0~40% · 추첨제 60~100%	· 가점제 0% · 추첨제 100%

자료: 청약홈

약에 도전할 수 있는 방식으로 운영된다. 기존에는 1세대 1계좌 개설이 원칙이었으나 2000년대 들어 1인 1계좌 개설이 가능하도록 변경되었다. 현재는 한국부동산원 산하 '청약홈'에서 주택 청약 업무 전반을 주관하고 있는 상태다.

주택은 크게 국민주택과 민영주택으로 구분할 수 있다. 국민주택은 국가, 지방자치단체, 한국토지주택공사, 지방공사가 공공택지를 개발하거나 직접 건설에 나서 분양하는 공공분양주택이다. 그 외 일반 건설사 등이 택지를 개발하거나 재건축·재개발해 분양이 이뤄지는 대부분의 주택은 민영주택이다. 일반적으로 청약에 대한 이야기를 할 때는 민영주택이라고 생각하면 된다.

청약제도의 핵심은 가점제와 추첨제다. 가점제는 말 그대로 청약통장 개설 후 가입 기간, 무주택 기간, 부양가족의 수 등의 항목을 기간별 또는 인원수에 따라 점수화하고 가점이 높은 사람부터 순서대로 당첨자를 뽑는 식이다. 이와 달리 추첨제는 최소한의 청약 지원 자격을 갖춘 지원자를 대상으로 무작위 추첨을 통해 아파트 청약 당첨자를 선발하는 방식이다. 가점제와 추첨제는 분양 당시의 부동산 시장 상황과 정책적 결단에 따라 그 비율이 조정되어 운영된다.

2004년에는 부동산 시장이 과열 양상을 보이자 전용면적 85m² 이하 중소형 아파트의 75%를 가점제를 통해 무주택 세대주에 공급했다. 2014년에는 부동산 경기가 침체되자 중소형 면적에 대한 가점제 비율을 40%로 대폭 줄이고, 전용면적 85m² 초과 중대형 면적의 경우 100% 추첨제로 선정했다. 그렇다면 지금은 어떻게 운영되고 있을까? 2017년 문재인 정부가 출범한 이후 부동산 시장의 과열 양상은 도무지 진정될 기미를 보이지 않고 있다. 부동산 가격이 천정부지로 치솟으면서 가점제 비중을 대폭 강화하는 쪽으로 개편되었다.

청약 점수는
얼마나 필요할까?

#가점계산 #몇점이면 #당첨될까?

청약 가점제는 청약통장 가입 기간, 무주택 기간, 부양가족의 수 등의 항목을 계산해 총 84점으로 구성된다. 우선 청약에 도전하기 위해서는 앞서 언급한 청약통장을 만들어 규제에 따른 최소 가입 기간을 채워야 한다. 서울 등 투기과열지구의 경우 현재 최소 가입 기간 2년 이상을 채운 사람만 청약에 도전할 수 있다. 이러한 최소 가입 기간 규정 역시 규제에 따라 다르니 반드시 꼼꼼하게 확인하기 바란다.

투기과열지구 지정 현황	
지정일	지정 지역
2017년 8월 3일	서울시 전역, 경기도 과천시, 세종시
2017년 9월 6일	경기 성남시 분당구, 대구광역시 수성구
2018년 8월 28일	경기도 광명시, 하남시
2020년 6월 19일	경기도 수원시, 성남시 수정구, 안양시, 안산시 단원구, 구리시, 군포시, 의왕시, 용인시 수지구·기흥구, 동탄2택지개발지구, 인천광역시 연수구·남동구·서구, 대전광역시 동구·중구·서구·유성구
2020년 12월 18일	경상남도 창원시 의창구

자료: 국토교통부

또 하나 알아둘 점은 전용면적에 따라 최소 예치금 조건이 존재한다는 것이다. 민영주택 청약 기준 서울시는 전용면적 85m^2 이하는 300만 원, 전용면적 102m^2 이하는 600만 원, 전용면적 135m^2 이하는 1천만 원, 그 외는 1,500만 원의 예치금이 있어야 청약이 가능하다. 여기서 기준 지역은 청약을 원하는 주택의 소재지가 아니라 현재 본인의 주민등록 거주지다. 서울 아파트 청약에 도전하고 싶어도 현재 주민등록상 거주지가 대구라면 대구 소재 주택에 대해 1순위 조건이 부여되는 식이다. 만약 서울에서 청약에 도전하고 싶다면 서울로 주소지로 옮겨 최소 2년 이상 거주해야지만 1순위 자격이 주어진다.

청약 지역별, 면적별 충족해야 할 예치금			
전용면적	서울, 부산	기타 광역시	기타 시·군
85m² 이하	300만 원	250만 원	200만 원
85m² 초과~102m² 이하	600만 원	400만 원	300만 원
102m² 초과~135m² 이하	1천만 원	700만 원	400만 원
모든 면적	1,500만 원	1천만 원	500만 원

자료: 청약홈

민간분양, 공공분양 여부에 따라서도 가점제 조건이 달라진다. 통상 청약을 한다는 것은 민간분양을 뜻하므로 공공분양에 대해서만 간단히 설명하면 다음과 같다.

우선 공공분양의 가장 큰 특징은 납입횟수와 납입금액이 많은 순으로 당첨된다는 것이다. 전용면적 40m² 이하는 납입횟수순으로, 전용면적 85m² 이하 일반공급 주택은 납입금액의 총액이 많은 무주택자순으로 당첨된다.

시간이 필요한 가입 기간과 달리 예치금의 경우 만약 현재 가진 돈이 부족하더라도 해결할 방법은 있다. 바로 청약 아파트 입주자 모집공고일 이전까지 최소 예치금을 채우는 것이다. 현재 입주자 모집공고일을 기준으로 예치금을 계산하고 있기 때문에 부족액의 경우 기한 내로만 입금하면 해소된다. 안전하게 입주자 모집공고일 전날까지 준비를 마쳐두는 게 좋다.

청약 점수를
계산해보자

청약통장 가입 기간 점수는 총 17점 만점이다. 가입 시 1점부터 시작해 가입 기간이 늘어날수록 그 점수가 오르며, 가입 기간이 15년 이상일 시 최고 점수인 17점 만점을 받는다. 청약통장 가입 기간 계산은 통장을 개설한 날짜로부터 '아파트 입주자 모집공고일'까지의 기간으로 셈한다. 벌써 여러 번 언급 중인 아파트 입주자 모집공고일은 여러 조건을 따질 때 기준이 되는 날짜이니 꼭 기억해두자.

입주자 모집공고란 해당 아파트 및 주택의 일반분양을 앞두고 아파트 개요, 분양 내용, 분양 일정 등 아파트 분양과 관련된 상세한 정보를 담은 자료다. 보통 분양을 주관하는 시공사 사이트 등을 통해 공개된다. 관심을 두고 있는 단지라면 반드시 확인해서 청약에 대비해야 한다. 최근 청약 규정과 관련된 변동사항이 너무 많고, 지역과 주택에 따라 세부 조건이 다르기 때문에 정말 작은 글씨지만 꼼꼼하게 확인해야 한다.

청약통장 가입 기간에서 주의해야 할 점은 미성년자의 청약통장은 최대 24개월만 인정해준다는 점이다. 그렇기에 만 17세 직전에 시작해 납입하면 충분하다. 또 청약통장 납입금에 대한 소득공제도 가능하다. 무주택자 기준 연 240만 원까지 청약통장 납입액의

청약통장 가입 기간 점수			
가입 기간	점수	가입 기간	점수
6개월 미만	1	8년 이상~9년 미만	10
6개월 이상~1년 미만	2	9년 이상~10년 미만	11
1년 이상~2년 미만	3	10년 이상~11년 미만	12
2년 이상~3년 미만	4	11년 이상~12년 미만	13
3년 이상~4년 미만	5	12년 이상~13년 미만	14
4년 이상~5년 미만	6	13년 이상~14년 미만	15
5년 이상~6년 미만	7	14년 이상~15년 미만	16
6년 이상~7년 미만	8	15년 이상	17
7년 이상~8년 미만	9	총 17점 만점	

자료: 청약홈

40%가 소득공제되기 때문에 매달 20만 원씩 납입하면 연말정산 시 최대 96만 원의 소득공제를 받을 수 있다.

무주택 기간은 최소 2점(1년 미만)~최대 32점(15년 이상)까지 부여되는 점수다. 세대에 속한 모든 구성원이 무주택이어야 하며 청약 신청자 및 배우자의 무주택 기간으로 산정된다. 미혼인 경우 만 30세부터 기간을 산정하게 된다. 즉 미혼인 무주택자 20대는 무주택 기간이 있더라도 0점이다. 무주택자 여부를 판단하는 데 분양권 등도 소유 주택으로 인정된다.

마지막으로 부양가족의 경우 최소 5점(부양가족 없음)~최대 35점 (부양가족 6명)으로 산정된다. 항목 중에서 가장 높은 점수를 차지하

무주택 기간 계산법		
과거 주택 소유 여부	30세 이전 결혼 여부	무주택 기간
×	×	만 30세 / 입주자 모집 공고일 / 무주택 기간 → 만 30세 된 날- 입주자 모집공고일
	○	혼인신고일 / 만 30세 / 입주자 모집 공고일 / 무주택 기간 → 혼인신고일- 입주자 모집공고일

자료: 청약홈

고 있다 보니 각종 편법이 많이 작용하는 요소이기도 하다. 부양가족에서 본인은 제외되며 배우자, 본인 및 배우자의 직계 존속, 직계 비속 등이 부양가족에 해당한다. 다만 단순히 직계 존·비속이 있다고 받을 수 있는 게 아니라 조건이 까다롭다. 직계존속의 경우 청약 신청자가 세대주이며 3년 이상 동일 주민등록등본상에 등재된 상태여야 한다. 하지만 직계 존속 및 배우자 중 한 명이라도 주택을 소유하고 있으면 부양가족으로 보지 않는 등 여러 예외 규정도 존재하니 꼼꼼히 살펴봐야 한다. 또 외국인 직계 존속, 내국인 직계 존속이라도 요양시설 및 해외에 체류 중인 경우라면 부양가족에서

부양가족 수 계산법	
관계	부양가족 여부
배우자	· 부양가족
아버지 또는 어머니	· 청약 신청자가 세대주이고, 부모님이 3년 이상 동일한 주민등록 등본에 등재 시 부양가족(배우자 분리세대인 경우 배우자가 세대주 여야 함)
배우자의 아버지 또는 어머니	· 배우자가 세대주이고, 배우자의 부모님이 3년 이상 동일한 주민 등록등본에 등재된 경우 부양가족(배우자 분리세대인 경우 배우자 가 세대주여야 함)
형 또는 동생	· 부양가족 아님
처제	
아들 또는 딸	· 미혼이고 30세 미만인 경우 부양가족
손자 또는 손녀	· 미혼이고 30세 이상인 경우 1년 이상 주민등록등본에 등재된 경우 부양가족 · 손자, 손녀는 부모가 모두 사망한 경우에 한함

자료: 청약홈

제외된다. 자녀의 경우 주민등록등본상 등재된 미혼자라면 부양가족으로 인정된다. 자녀가 만 30세 이상일 경우 1년 이상 동일한 주민등록등본에 등재된 상태여야 한다. 손자녀의 경우 부모가 모두 사망한 미혼인 손자녀가 부양가족으로 인정된다.

참고로 청약 신청 전에 청약자 본인이 직접 주택 소유 여부, 청약통장 가입 기간, 무주택 기간, 부양가족 수를 꼼꼼히 계산해보기 바란다. 이 부분을 충분히 이해해야만 착오에 따른 불이익을 피할 수 있기 때문이다. 청약홈 사이트(www.applyhome.co.kr)에서 모의 청약 및 청약 점수 계산이 가능하니 잘 활용하도록 하자.

그래서 몇 점이면
당첨될 수 있을까?

현재 투기과열지구의 경우 전용면적 85m² 이하 주택은 100% 가점제로 청약 당첨자를 선발한다. 전용면적 85m² 초과 시 가점제, 추첨제의 비율은 50% 대 50%다. 일반분양 물량의 대다수가 전용면적 85m² 이하이기 때문에 가점제의 실질적 경쟁은 전용면적 85m² 이하에서 이뤄진다고 보면 된다. 전용면적 85m² 초과의 경우 대부분 한 자릿수 물량을 놓고 경쟁을 하며, 추첨제로 진행하다 보니 인기 단지의 경우 수천수만 대 1의 경쟁률을 기록하기도 한다.

그렇다면 서울에서 청약에 당첨되려면 가점이 몇 점쯤 필요할까? 2021년 서울 첫 분양 아파트인 광진구 자양동 '자양 하늘채 베르'의 전용면적 46m²A형은 최저 65점, 최고 75점의 당첨 가점을 기록했다. 전용면적 46m²B형은 최저 69점, 최고 74점이었다. 51가구를 모집한 이 단지는 특별공급과 일반공급에 1만 4,755명이 신청했으며 1순위 평균 경쟁률은 367.4 대 1에 달했다. 또 2021년 4월 12일 발표한 서울 강동구 고덕동 '고덕강일 제일풍경채' 전용면적 84m²A의 당첨 최고점은 만점에서 2점 모자란 82점을 기록했다. 최저점은 74점에 달했다. 전체 가구를 살펴봐도 대략 커트라인은 60점 후반~70점대였다. 모집 가구의 절반을 가점으로, 나머지 절반을 추첨으로 뽑는 전용면적 101m²는 4개 주택형의 최저 및 평균 가점이 60점대 후반에 형성되었다. 주변 아파트 시세와 비교해 분양가가 수억 원씩 낮은 수준이라 인기가 높았던 것으로 풀이된다.

이처럼 청약 당첨은 하늘의 별따기다. 워낙 집값 상승이 가파르고, 분양가 대비 시장가격이 높게 형성되어 있다 보니 조금이라도 싼 가격에 집을 사기 위한 실거주 청약 수요가 대거 늘어난 상태다. 최소 가점이 60~70점은 되어야 도전해볼 만한 상황이다 보니 3040세대에게는 거의 기회가 없다고 봐도 무방할 정도다. 운 좋게 추첨 물량을 잡을 수도 있겠지만 그러한 천운만 믿기에는 확률이 너무 낮다.

청약통장 가입 현황만 봐도 경쟁의 치열함을 느낄 수 있다. 2021년 3월 기준으로 주택청약종합저축 가입 계좌 수는 2,606만 4,515개다. 전 국민의 절반 정도가 주택청약종합저축을 가지고 있는 셈이다. 미성년자와 고령자 등을 제외하면 실제로는 대부분의 사회활동 인구가 청약통장에 가입한 것이다. 이 중 서울 지역 계좌만 619만 개에 달해 청약 전쟁이란 말이 실감나는 수준이다.

2021년에는 '사전청약'이라는 변수도 등장했다. 3기 신도시에 한해 실시되는 사전청약제도는 주택 공급 1~2년 전에 일부 물량에 대해 미리 청약을 진행하는 제도다. 2021년 상반기부터 3기 신도시 사전청약 시스템이 개설되어 공개되었다. 조건은 기존의 청약 제도와 유사하며 공급 계획만 일부 다른 정도라고 보면 된다.

청약제도만
맹신하는 것은 금물

청약제도만 맹신하는 것은 금물이다. 절대 청약으로만 내 집을 마련하겠다는 꿈을 꾸진 말자. 물론 운이 좋아 청약으로 쉽게 내 집 마련에 성공하는 사례도 있기 마련이다. 그런 기회가 나에게 오지 말라는 법은 없지만 문제는 온다는 보장 또한 없다는 것이다. 청약에만 목매다 더 좋은 기회를 놓치고 뒤늦게 후회하는 사례도 여럿 봤다. 청약을 완전히 포기하라는 뜻이 아니다. 청약통장에 돈을 꾸준히 납입하며 기회를 엿보는 것을 추천한다. 일단 추첨 물량이라도 자금 여력이 된다면 꾸준히 넣어보자. 그러다 정말 하늘이 도우면 당첨의 기회가 올 수도 있으니까.

다시 한번 강조하지만 청약을 맹신하며 청약이 당첨되기만을 기다리는 것은 결코 현명한 방법이 아니다. 청약은 그저 여러 가능성

중 하나일 뿐이다. 시장의 분위기와 상황을 살펴보며 감을 익히는 차원에서라도 청약 시장 관련 뉴스와 정보를 꾸준히 접하는 것이 좋다. 또 정책의 방향이 시시때때로 변하는 만큼 현재 청약제도에서 소외된 젊은 세대를 위한 새로운 정책이 나오지 말라는 법도 없다. 앞서 언급한 내용도 정책의 방향과 규제에 따라 언제든지 바뀔 수 있다는 점을 인지하자.

로또청약에 대한 기대감이 커지면서 거주 조건, 자금 조달과 관련된 규제 역시 강화되는 분위기다. 2021년 2월부터 개정된 법에 따르면 분양가 상한제가 적용된 수도권 내 민간택지 아파트 당첨자는 최소 입주 가능일로부터 2년 이상 거주해야 한다는 2년 거주 요건이 생겼다. 분양가격이 매매가격의 80% 미만이면 3년 거주를 해야 하며, 공공택지의 경우 최대 5년까지 거주 의무 기간을 부여하고 있다. 말 그대로 실거주 무주택자를 위한 청약제도가 투기용으로 변질되는 것을 막기 위한 규제인 셈이다. 실거주 의무가 없을 경우 마지막 잔금을 내는 대신 전세를 놓아 돈을 마련할 수 있기에 이를 원천봉쇄한 것이다. 실거주를 하지 않고 속일 경우 1년 이하의 징역 또는 1천만 원 이하의 과태료가 부과되고 있는 만큼 의무 거주 규정에 대한 점검도 필수적이다.

청약 절차
실무 프로세스

#청약절차 #청약홈 #사라진 #무순위로또청약

지금까지가 이론에 대한 이야기였다면 이제 실무적인 청약 절차에 대해 학습해보자. 가장 중요한 것은 청약 일정이다. 보통 분양 물량의 경우 청약 본 절차 이전에 언론사, 인터넷 등을 통해 사전 정보를 얻을 수 있다. 커뮤니티나 SNS 오픈채팅방 등에서도 이런 정보를 파악할 수 있다. 정확한 날짜는 아니어도 대략 언제부터 청약이 진행되는지 관련 정보를 파악해야 한다.

그동안 분양 단지는 청약 과정에서 최종 분양금액에 대한 주택도시보증공사(HUG)의 승인을 얻어 마지막 조율 사항을 챙긴다. 그렇게 주택도시보증공사의 분양가 승인이 떨어지면 바로 입주자 모집공고문을 볼 수 있다. 해당 모집공고문에는 특별공급 일정, 일반 분양 일정, 계약일, 계약금, 중도금, 잔금 등의 납부일 및 금액, 옵션 및 청약 조건 등 해당 청약에 대한 모든 것이 담겨 있다. 코로나19 사태 이전에는 가장 먼저 모델하우스라 불리는 견본주택을 개관해 어떤 집을 지을 것인지 입지에 대한 분석 정보를 상세히 제공했다. 하지만 현재는 코로나19로 견본주택을 열지 못해 대부분 온라인을 통해 입지와 단지 조감도 등의 자료를 제공한다.

통상 견본주택 개관 1주일 정도 후부터 특별공급, 일반공급 일정이 잡힌다. 청약 절차는 현재 한국부동산원 청약홈을 통해 진행할 수 있다. PC 또는 모바일 애플리케이션을 통해 기본적인 정보를 작성한 뒤 원하는 분양 단지, 청약에 도전할 면적 등을 기재하면 청약 절차를 마칠 수 있다. 이후 시간이 조금 지나면 청약홈에서 당첨 여부를 발표한다. 이를 확인한 뒤 분양 단지의 설명과 안내에 따라 계약금을 입력하면 청약에 성공한 것이다.

통상 청약에 대한 정보는 언론사 뉴스를 통해 가장 쉽게 접할 수 있다. 분양가가 얼마인지, 입지는 어떠한지 등의 정보가 일목요연하게 정리되어 있기 때문이다. 뉴스를 잘 찾아보면 면적별 분양가는 얼마인지, 주변 시세보다 얼마나 싼지, 어느 정도 가점이면 당첨이 가능할지 등을 가늠할 수 있다. 보다 정확한 정보는 앞서 언급한 입주자 모집공고문을 찾아 살펴보면 된다.

청약에 당첨되면
얼마나 필요할까?

그렇다면 청약에 도전하려면 돈이 얼마나 필요할까? 입주자 모집공고문을 들어가 살펴보면 자금 납부 시점에 대한 안내도 상세히 나와 있다. 청약 시 필요한 돈은 계약금, 중도금, 잔금으로 구성된다. 일반 부동산 거래 방식과 다소 유사한데, 차이점은 중도금의 경우 대부분 분할 납부하는 식으로 구성되어 있다는 점이다.

먼저 계약금은 통상 분양가의 10~20% 수준으로 청약 당첨 직후 계약서를 작성할 때 바로 내야 하는 돈이다. 무심코 그냥 실험 삼아 청약을 넣었다가 당첨이 되는 바람에 돈을 마련하지 못하는 경우도 꽤 있다. 그렇기에 최소한 계약금 정도는 미리 마련하고 청약에 도전하는 게 맞다. 또 발코니 확장과 유상 옵션 추가 등의 비용도 분양주택에 따라 계약금, 중도금, 잔금으로 나눠 내기 때문에 이

청약 당첨 후 절차				
① 공급금액 및 납부 일정 확인	② 계약금 납입하기	③ 중도금 납입하기	④ 잔금 납입하기	⑤ 취득세 내기

자료: 청약홈

에 대한 확인도 필요하다. 발코니 확장 비용은 무상인 경우도 있지만 보통 유상으로 진행하는 경우가 많다.

사라진 무순위 로또청약

분양이 미달되거나, 당첨자가 계약을 포기하거나, 자격 조건 계산 착오 등으로 취소될 경우 소위 '무순위 물량'이 생긴다. 집값 상승기에는 당연히 미분양이 나오는 경우는 없다고 봐야 한다. 하지만 간간히 나오는 청약 포기 물량, 부적격자 물량이 무순위 물량으로 분류된다. 적으면 1가구, 많아도 10가구 안팎으로 나오는 무순위 물량은 일종의 로또와 같다. 그동안 민간분양 단지의 재량으로 운영해왔기 때문에 경우에 따라 아무런 조건 없이 대한민국 성인이면 누구에게나 당첨 기회가 주어지기도 했다. 심지어 일부 청약의 경우 모델하우스 현장에 선착순으로 오는 순서대로 무순위 물량을 배정해 전날 새벽부터 텐트를 치는 진풍경이 벌어지기도 했다. 무순위 물량 1가구를 잡기 위해 전국 방방곳곳에서 청약에 도전해 말 그대로 수십만 대 1의 경쟁률을 기록하면서 뉴스가 나온적도 있다. 필자는 실제 가까운 지인이 1가구를 모집하는 무순위 청약에 당첨되는 모습을 목격하기도 했다.

하지만 이러한 로또청약의 기회는 현재 상당히 줄어든 상태다. 2021년 무순위 신청 자격이 강화되면서 소위 이삭을 줍듯이 무순위 물량을 채갈 수 있는 확률이 낮아졌다. 지역 제한 없이 성년자면 된다는 기존의 규정은 현재 '해당 주택 건설 지역의 무주택 세대구성원인 성년자'로 변경된 상태다. 해당 지역에 거주하는 무주택 실수요자에게 공급 기회를 주는 것으로 변경된 것이다. 또한 아무런 제약이 없던 무순위 물량이 규제 지역에서 공급될 경우 일반청약과 동일하게 재당첨 제한이 적용된다. 현재 재당첨 제한 기간은 투기과열지구가 10년, 조정대상지역이 7년으로 상당히 길게 설정되어 있다. 이처럼 실수요 무주택자를 위해 여러 대안을 마련했음에도 여전히 사막에서 바늘 찾기만큼 당첨 확률이 낮다는 점에는 큰 변화가 없다. 즉 무순위 물량만 바라보고 있어서는 절대 안 된다는 뜻이다.

놓치면 손해 보는
특별공급

#생애최초주택 #신혼부부 #다자녀 #노부모부양

청약제도에서 유심히 살펴봐야 할 제도가 바로 특별공급이다. 특별공급은 무주택 실수요자를 위해 마련된 제도로 평생 1세대에 1회만 당첨될 수 있게 기회를 제공한다. 또한 투기과열지구는 분양가 9억 원 이하에만 공급된다. 공공분양과 민간분양으로 공급되는 청약제도에서 일반분양은 앞서 설명한 가점제와 추첨제를 통해 공급되는 반면, 특별공급은 상대적으로 주택 정책에서 소외된 무주택자를 배려하기 위한 정책적 결단에 해당한다. 이를 위해 현재 정책적으로 전체 분양 물량 중에서 특정 비율 이상을 특별공급으로 풀고 있다.

특별공급은 크게 생애최초주택, 신혼부부, 다자녀, 노부모부양, 기관추천 등이 있다. 제도마다 아주 엄격한 요건과 다양한 방식으로 운용되고 있기 때문에 여기서는 간단히 핵심적인 내용만 살펴보겠다. 또한 제도가 지속적으로 바뀌는 만큼 국토교통부 사이트 등을 통해 관련 사항을 꾸준히 모니터링할 필요가 있다.

생애최초주택 특별공급

생애최초주택 특별공급 제도란 정책적 배려가 필요한 계층 가운데 무주택자의 주거 안정 지원을 위해 전용면적 85m² 이하 중소형 주택을 일반인과 청약 경쟁 없이 분양받을 수 있도록 하는 제도다. 모집공고일 해당 시점에서 청약 자격과 소득 기준을 모두 충족해야 신청 가능하며, 특별공급 신청 이후 추첨을 통해 결과가 발표된다. 생애 한 차례에 한정해서 공급하고, 사업 주체가 추첨의 방법으로 입주자를 선정하는 것이 특징이다.

생애최초주택 특별공급은 기존에는 국민주택(전용면적 85m² 이하) 공공분양에만 적용되었지만 이번 특별공급 확대 정책으로 인해 민간분양 시장까지 확대되었다. 여기서 '생애 최초로 주택을 구입하는 자'에 조건에 부합하기 위해서는 입주자 모집공고일을 기준으로 세대원 중 한 사람이라도 주택(분양권 포함) 구입, 상속, 증여, 신축 등 사유를 불문하고 주택을 소유한 적이 없어야 한다. 참고로 1인 가구는 전용면적 60m² 이하만 신청 가능하다.

국민주택 특별공급 중 생애최초주택 특별공급 물량은 기존 20%에서 25%로 확대되었다. 기존 민영주택에 적용하지 않던 생애최초 특별공급 물량은 공공택지의 경우 15%, 민간택지의 경우 7%로 신규 도입되었다. 공공택지 개발 민영주택이란 3기 신도시 조성 등 정부 주도의 택지 개발 사업을 의미하고, 민간택지 개발 민영주택이란 통상 재개발 조합 또는 재건축 조합 등 민간이 추진하는 개발 사업을 뜻한다. 공공성이 큰 공공택지 개발에 생애최초주택 물량

생애최초주택 특별공급 확대안

구분			합계	기관 추천	다자녀	노부모 부양	신혼 부부	생애 최초	일반 공급
국민 주택	종전		80%	15%	10%	5%	30%	20%	20%
	변경		85%	15%	10%	5%	30%	25%	15%
민영 주택		종전	43%	10%	10%	3%	20%	-	57%
	변경	공공 택지	58%	10%	10%	3%	20%	15%	42%
		민간 택지	50%	10%	10%	3%	20%	7%	50%

자료: 국토교통부

을 대폭 늘리는 것이 특징이다.

특별공급의 걸림돌이었던 소득 기준도 다소 완화되었다. 국민주택의 경우 도시근로자 월평균 소득의 100% 이하일 경우에만 특별공급 청약 자격을 부여하는 반면, 민영주택의 경우 도시근로자 월평균 소득의 130% 이하까지 확대해 소득 규정을 완화했다. 2019년 기준(2020년 적용) 도시근로자 월평균 소득 130%는 2인 가구 기준 569만 원, 3인 가구 기준 731만 원, 4인 가구 기준 809만 원이다.

생애최초주택 내집마련 특별공급에 공통적으로 필요한 조건은 아래와 같다. 조건을 충족할 경우 추첨제로 당첨자를 가리는 것이 특징이다.

1. 입주자 모집공고일 현재 생애최초로 주택 구입 요건을 충족할 것
2. 제28조 제1항의 1순위에 해당하는 무주택 세대 구성원
3. 입주자 모집공고일 현재 혼인 중이거나 미혼 자녀가 있는 자
4. 입주자 모집공고일 현재 근로자 또는 자영업자로서 5년 이상 소득세를 납부한 자. 이 경우 해당 소득세 납부의무자이나 소득공제, 세액공제, 세액감면 등으로 납부의무액이 없는 경우를 포함
5. 해당 세대의 월평균 소득이 전년도 도시근로자 가구당 월평균 소득의 130% 이하인 자

신혼부부
특별공급

생애최초주택 특별공급을 제외한 나머지 특별공급은 기존 민간 분양 시장에서도 존재했던 특별공급 물량이다. 신혼부부 특별공급의 경우 혼인관계증명서 신고일 기준 혼인 기간이 7년 이내인 신혼부부를 대상으로 주택을 공급하는 제도다. 이 제도 역시 맞벌이 소득 여건이 너무 깐깐하다는 지적이 많아 최근 개정되었다.

자격 요건을 갖췄을 경우 전용면적 $85m^2$ 이하 공공주택 및 분양주택에서 분양을 신청할 수 있다. 완화된 소득 요건과 기본 자격을 충족한 뒤 미성년 자녀까지 있을 경우 1순위가 된다. 자녀가 없는 신혼부부나 예비 부부는 2순위가 된다. 최근 특별공급 경쟁률이 높아지면서 대부분 1순위에서 마감되는 분위기인데, 가점이 동점일 경우엔 추첨제로 뽑는다. 공공주택과 민영주택에 따라서 가점 유불리는 조금씩 차이가 난다. 간단하게만 언급하면 공공주택은 자녀가 많을수록, 민영주택은 소득이 적을수록 당첨 확률이 높다.

1. 입주자 모집공고일 현재 혼인(혼인관계증명서의 신고일 기준) 기간이 7년 이내일 것
2. 무주택 세대 구성원일 것(혼인신고일부터 입주자 모집공고일까지 계속 무주택자일 것)

민영주택 신혼부부 특별공급 소득 요건 완화 내용		
분양가	**소득 요건(완화 전)**	
	우선(75%)	일반(25%)
3억 원 이하	100% (맞벌이 120%)	120% (맞벌이 130%)
3억~6억 원		
6억~9억 원		

분양가	**소득 요건(완화 후)**	
	우선(75%)	일반(25%)
3억 원 이하	100% (맞벌이 120%)	120% (맞벌이 130%)
3억~6억 원	100% (맞벌이 120%)	120% (맞벌이 130%)
6억~9억 원	100% (맞벌이 120%)	120% (맞벌이 130%)
		생애최초주택 130% (맞벌이 140%)

3. 해당 세대의 월평균 소득이 전년도 도시근로자 가구당 월평균 소득의 120%(배우자가 소득이 있는 경우에는 130%) 이하일 것. 세대에 속한 모든 자가 과거 주택을 소유한 사실이 없는 경우 입주자 모집공고에 따른 분양가격이 6억 원 이상~9억 원 이하인 주택을 공급하는 경우에는 전년도 도시근로자 가구당 월평균 소득의 130%(배우자가 소득이 있는 경우에는 140%) 이하일 것

여기서 의문점이 들 것이다. 생애최초주택 특별공급과 신혼부부 특별공급 중에 무엇을 택해야 유리할까? 무주택자이고 혼인한 지 7년 이하인 신혼부부의 경우 두 가지 특별공급 요건에 모두 해당될 수 있기 때문이다. 각각의 장단점이 분명한 만큼 유불리를 잘 계산해 특별공급을 선택해야 한다. 소득이 낮고 자녀가 많다면 신혼부부 특별공급이 유리하며, 자녀가 없다면 생애최초주택 특별공급이 유리할 수 있다. 신혼부부 특별공급은 무주택 세대와 소득 기준을 충족하고 혼인 관계의 배우자 사이에서 출산한 미성년 자녀가 있을 시 1순위가 부여된다. 특히 신혼부부 특별공급 전체 물량 중 70%는 월평균 소득 555만 원(맞벌이 666만 원) 이하에 우선 공급된다. 만약 소득이 해당 조건보다 많다면 30%의 물량을 두고 경쟁해야 한다. 반대로 생애최초주택 특별공급은 무주택, 소득 요건 등이 충족되면 전 물량을 추첨제로 진행한다. 즉 자녀가 없는 부부에게 유리한 셈이다.

다자녀 특별공급과 노부모부양 특별공급

다자녀 특별공급의 경우 세대주가 아니어도 청약이 가능하며 19세 미만 자녀가 3명 이상이어야 한다. 여기에는 태아와 입양 자녀가 모두 포함된다. 따로 소득 기준은 없다. 가점제로 선발해 동일 점수가 나올 경우 미성년 자녀가 많은 세대가 우선 배정되고, 미성년 자녀의 수도 같다면 공급 신청자의 나이가 많은 연령순으로 선발된다.

노부모부양 특별공급은 입주자 모집공고일 기준 부모의 나이가 만 65세 이상이며, 부모님과 3년 이상 동일 주민등록등본에 등재되어 있어야 한다. 민영주택의 경우 소득 및 자산 기준은 적용되지 않는 것이 특징이다. 부모님 두 분을 모두 모신다면 둘 중 한 명만 만 65세 이상이어도 충분하다. 만 65세 요건의 3년 부양 조건은 만 62세부터 3년간 모셔 만 65세가 되어도 부합된다. 노부모부양 특별공급은 일반 청약제도에 적용되는 부양가족 수, 무주택 기간, 청약통장 가입 기간 등 총 84점제 가점을 준용해 점수가 높은 순으로 당첨자를 선발한다.

당첨만 되면 수억 원은 이익을 볼 수 있는 청약제도의 인기는 현재진행형이다. 수십 대 1의 경쟁률은 기본이고, 가점도 만점에 가깝지 않으면 당첨이 쉽지 않다. 일반분양뿐만 아니라 특별공급까지 과열양상으로 이어지며 차라리 하늘의 별을 따는 게 쉽다는 하소연도 나온다. 물론 운 좋게 추첨제로 당첨되거나, 가점 커트라인이 낮은 면적형을 잘 골라 당첨되는 경우도 나오곤 한다. 하지만 이렇게 단순히 운에 맡겨 내 집 마련에 나서는 것은 너무 큰 리스크를 쥐고 모험을 하는 것과 같다. 또 앞으로 제도가 어떻게 바뀔지 쉽게 예측할 수 없는 만큼 항상 제도의 변화를 틈틈이 예의 주시할 필요가 있다.

모델하우스
잘 보는 방법

#판상형 #타워형 #3베이 #4베이

청약제도를 공부했다면 이제 '모델하우스 잘 보는 방법'을 익혀야 한다. 견본주택이라고도 불리는 모델하우스는 청약 광풍 시대를 대표하는 이미지이기도 하다. 뉴스에서도 청약 대란을 대표하는 이미지로 모델하우스 앞에 길게 늘어선 줄과 발 디딜 틈 없는 현장을 보여주곤 한다. 모델하우스를 통해 실제 지어질 신규 주택의 구조와 본 주택에 어떤 호재가 있는지 등을 일목요연하게 직접 살펴볼 수 있다. 그러나 최근에는 코로나19 변수로 사실상 현장 모델하우스는 운영하지 않는 상황이다.

모델하우스,
무엇을 봐야 할까?

그럼 모델하우스를 통해 우리는 무엇을 점검해야 할까? 앞으로 코로나19가 잠잠해져 하루빨리 오프라인 모델하우스가 문을 열기를 기대하며 현장 중심으로 정리해보겠다. 먼저 인기 주택의 모델하우스는 개장 전부터 긴 줄이 형성된다. 온 국민적 관심이 몰리는 강남권 아파트, 분양가가 상대적으로 저렴해 로또청약이라 불리는 단지 등은 입장에만 2~3시간 이상이 걸린다. 따라서 여유가 되면 미리 방문해 시간을 줄이는 것도 한 방법이다.

인터넷이든, 현장이든 방문하면 가장 먼저 만나게 되는 것이 바로 단지 조감도다. 가장 잘 보이는 메인층 한가운데에 미니어처 사이즈로 만들어진 단지 조감도가 이목을 끌고 있다. 조감도는 만약 청약에 당첨되면 이런 집에 살 수 있다는 기대감을 안겨준다. 해당 단지의 동서남북으로 어떤 상가, 학교, 편의시설이 자리하고 있으며 교통망은 어떻게 구축되는지 한눈에 들어오게 잘 만들어졌다. 여기서 확인해야 할 첫 번째 사항은 아파트 단지의 구성과 남향 여부, 커뮤니티 시설 등이다. 또한 주출입구는 어디인지, 번화가와 가까운 출구가 따로 있는지 등도 확인하자. 머릿속으로 전반적인 그림을 그리며 진짜 이 주택에 내가 산다면 어떤 느낌일지 확인해보는 것이 중요하다.

조감도 주변에는 보다 상세하게 해당 단지의 호재와 구성을 설명해놓은 안내판이 부착되어 있을 것이다. 정확히 아파트는 몇 개 동이며 면적별로 어떻게 배치되어 있는지, 커뮤니티 시설에는 어떤 것이 들어오며 어떻게 활용할 수 있을지 등을 일목요연하게 정리해뒀다. 또한 학군, 교통시설, 주변 개발 호재, 자연환경 및 편의시설 등 해당 단지가 품고 있는 다양한 가치를 잘 정리해뒀을 테니 이를 통해 전체적인 특성과 가치를 잘 가늠해보자. 당연히 모델하우스에서는 좋은 이야기만 하겠지만 그중에서 어떤 호재가 실현 가능하고 의미 있을지, 어떤 부분이 덜 중요하고 더 중요할지 꼼꼼하게 따져봐야 한다. 각 투자자 및 실거주 수요자의 개별 특성과 선호 여부에 따라 같은 요소에 대한 평가 및 우선순위는 얼마든지 바뀔 수 있다.

중간중간 잘 교육받은 안내요원들이 해당 단지가 가진 여러 가지 특징을 자세하게 설명해주기 때문에 이를 활용하는 것이 좋다. 안내요원들은 견본주택이 공개되기 전부터 미리 사전 스터디를 통해 주택의 특성 및 장점을 다 파악한 상태다. 특히 직접 물어볼 경우 무엇이 부족한지 단점에 대한 이야기도 넌지시 들을 수 있는 만큼 단순히 눈으로만 구경하지 말고 적극적으로 안내원들과의 대화에 나서는 게 좋다.

메인층에서 벗어나 다른 층에 가면 아마도 유니트라고 불리는 실제 거주하는 아파트를 재현해놓은 공간이 존재할 것이다. 요즘에는 설계기술의 발달로 같은 30평대라도 A, B, C, D타입 등 다양한 설계와 구성이 가능하다. 그런데 이를 모두 구현하려면 비용과 공간이 많이 들기에 보통 모델하우스에서는 면적별 대표적인 구조만 구현한다. 그 외 나머지 타입은 3D모델링을 통해 미니어처 전시를 해두기 때문에 참고해서 보면 된다.

결국 사람이 사는 공간은 집 안이다. 그러니 유니트를 잘 살펴보는 것이 어찌 보면 모델하우스 임장의 정수라고 볼 수 있다. 우선 현관 입구부터 재현되어 있는데 특히 현관은 집의 얼굴이자 시작이다. 첫인상이 좋아야 한다는 말처럼 현관부터 꼼꼼하게 살펴보고 어떻게 설계되어 있는지 체크하자. 요즘에 현관은 기본적으로 띄움 시공과 공간 활용을 최대한 늘리는 붙박이 신발장으로 구성되어 있다. 신발장 공간 역시 다양한 설계기법에 따라 더 넓고 효율적으로 사용할 수 있어 문 하나 놓치지 말고 다 열어보길 권한다. 그리고 화장실과 방을 순서대로 동선에 따라 구경하면 된다. 그 과정에서 거실과 부엌이라는 핵심 공간까지 다 훑었다면 이제 각 방의 크기와 방을 어떻게 활용할 수 있을지를 살펴보면 된다. 최근엔 특화 설계를 적용해 맞붙은 2개의 방을 하나의 방으로 합치거나, 반대로 하나의 방을 2개의 방으로 구분해 좀 더 실용적으로 구성하는 옵션 등이 제공되기도 한다. 이런 것이 가능한지 여부도 확인해보자.

안방은 특히 유념해서 살펴봐야 할 공간이다. 안방의 경우 드레

스룸과 파우더룸이 갖춰져 있는지, 안방 화장실을 포함해 전체적인 설계를 어떻게 했는지를 확인해야 한다. 집마다 또는 타입마다 다양한 설계기술이 적용되기 때문에 이에 따른 본인의 만족도를 잘 확인해보자. 또한 거실과 부엌은 가장 많이 생활하고 사용하는 공간이기도 하니 별도로 체크하는 것이 좋다. 이동하면서 팬트리, 히든룸, 유틸리티 공간 등 다양한 특화 설계의 존재 여부 등도 점검해보자. 개방감을 줄 수 있는지를 결정하는 층고 높이도 얼마나 되는지 확인해두자. 각 방마다, 주요 시설마다 안내요원이 배치되어 있으니 궁금한 게 생기면 그때그때 물어야 한다. 묻는 게 남는 일이다.

판상형 vs. 타워형 구조의 차이를 파악하라

거실과 부엌을 살펴볼 때 확인해야 할 가장 중요한 것은 맞통풍 여부다. 통상 '판상형 구조'라 불리는 설계기법으로 알려진 가장 일반적인 주택 구조가 바로 맞통풍 구조다. 판상형 구조는 직관적인 일자형 구조의 아파트를 말하며, 남향 배치 단지를 최대화할 수 있다는 장점이 있지만 앞뒤로 아파트가 나란히 서기 때문에 조망권 등이 제한될 수 있다. 판상형 구조의 경우 남향으로 거실이 위치해

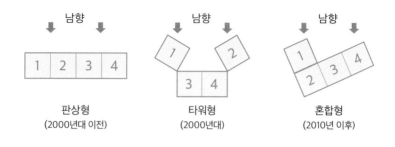

시대별 아파트 평면 구조의 변화 추이

남향

| 1 | 2 | 3 | 4 |

판상형
(2000년대 이전)

남향

1 2
3 4

타워형
(2000년대)

남향

1
2 3 4

혼합형
(2010년 이후)

부엌과 마주 보는 형태를 많이 띈다. 즉 거실과 베란다의 큰 창과 부엌의 창이 서로 마주보고 있어 통풍이 용이하고 환기가 잘되는 특징이 있다.

2000년대 이전에 지어진 아파트는 최대한 남향을 확보하기 위해 판상형 구조가 많았다. 그 후 2000년대 들어 Y자 형태의 타워형이 인기를 끌었고, 2010년 이후 현재에는 이러한 타워형 구조의 특징과 판상형 구조의 특징을 적절히 섞은 혼합형 구조가 널리 쓰이고 있다.

Y형 배치를 특징으로 하는 타워형의 경우 화려하고 세련된 건축기술로 멋진 디자인의 건물을 지을 수 있지만 환기가 어려운 점 등 불편함도 있다. 요즘에는 일반적으로는 판상형 구조를 기본으로 하고 더불어 이러한 세련된 구조를 선호하는 수요자를 위해 타워형 구조도 섞는 추세다. 청약을 넣을 때 이러한 개인의 선호 여

부를 감안해서 정확한 타입을 정해야 하는 것을 잊지 말자. 이처럼 판상형 구조인지, 타워형 구조인지를 잘 파악해 본인의 취향과 선호와 잘 맞는 타입 형태를 고르는 게 중요하다. 타워형 구조는 보통 거실과 부엌이 완전히 개방된 형태가 아니기 때문에 두 공간을 분리하고 싶은 수요자에게 알맞은 형태다.

일반적으로 판상형 구조가 선호도가 높기는 하지만 판상형 구조의 장점을 모두 가진 타워형 구조도 일부 존재하는 만큼 직접 견본 주택을 돌아다니며 장단점을 분명히 파악하는 것이 좋다. 예를 들어 직장에서 보내는 시간이 훨씬 많은 직장인이라면 굳이 채광과 통풍보다는 탁 트인 전망이나 넓은 동 간격이 더 큰 장점으로 다가올 수 있다.

3베이? 4베이?
베이란 뭘까?

현장에 가면 '3베이'나 '4베이'란 이야기를 많이 듣게 된다. 그런데 이에 대해 아무도 설명을 해주지 않으니 3베이, 4베이란 말을 모르면 참 답답할 것이다. '베이(Bay)'는 건축용어로 기둥과 기둥 사이의 한 구획을 뜻한다. 쉽게 설명하면 통상적으로 남쪽으로 향한 아파트 전면 베란다가 접하고 있는 방과 거실의 수를 뜻한다.

2베이란 말은 방 1개와 거실 1개가 전면을 접하고 있다는 뜻이다. 3베이는 방 2개와 거실 1개, 4베이는 방 3개와 거실 1개가 전면을 마주보고 있는 형태다. 대부분의 주택이 볕이 많이 드는 남향을 전면으로 쓰고 있기 때문에 방 3개짜리 30평대 아파트에서 2베이는 방 1개와 거실만 남향이라고 이해하면 된다. 반면 4베이는 거실과 방 3개까지 모두 남향이니 채광 측면에서는 더할 나위 없이 좋다. 과거 건축기술 및 설계기술이 발전하지 않았을 때는 2베이 아파트 구성이 많았지만 최근에는 4베이 아파트도 심심치 않게 찾아볼 수 있다. 일반적으로 3베이 형태가 가장 무난하면서 효율적인 공간이란 평을 받지만 이 역시 개인의 취향과 선호에 따라 구별하는 것이 좋다.

거실을 둘러본 뒤 부엌에서 어떻게 공간을 활용할지, 식탁을 어디다 놓을지, 그 외 부엌 관련 보조 공간의 유무, 세탁기 등 생활가전이 어떻게 배치될 수 있는지를 살펴보는 것이 좋다. 최근 사물인터넷(IoT) 기술의 발달로 이제 집 밖에서도 조명, 에어컨, 공기청정기 등을 다룰 수 있으니 잘 확인해보는 것이 좋다.

이처럼 모델하우스가 담고 있는 모든 정보를 내 것으로 만들었다면 마지막으로 상담코너에서 자금 수급과 관련된 궁금증과 대출을 잘 받을 수 있는 노하우를 듣기 바란다. 많이 걸려도 2시간 정도면 충분히 파악할 수 있으니 메모를 잘 해두자.

3장

부동산 모르는
부자는 없다

"부족한 건 돈이 아니라
미래에 대한 통찰력이다."
_샘 월튼(Samuel Walton)

집값을 결정하는
요인들

#면적 #가구수 #용적률 #건폐율 #전세가율

이번에는 부린이가 알아야 할 부동산 용어에 대해 살펴보자. 우선 부동산의 유형은 크게 아파트, 오피스텔, 빌라 등으로 구분된다. 대다수의 실수요자가 아파트를 선호하므로 '부동산=아파트'라고 생각하는 경우가 많다. 최근에는 규제를 피해 틈새시장인 오피스텔에 대한 수요가 늘고 있는데, 원룸 형태의 작은 오피스텔 외에도 전용면적 59m² 이상의 주거형 오피스텔도 인기를 끌고 있다. 2019년 여의도에서 분양한 '브라이튼 여의도' 오피스텔 청약에서도 경쟁률이 가장 높았던 면적형은 전용면적 59m²였다. 당시

42.28 대 1의 경쟁률을 기록했는데, 신축 아파트가 부족한 여의도 지역의 특성도 반영되었지만 오피스텔 역시 아파트의 대체제로 충분히 경쟁력 있다는 뜻이기도 하다. 물론 최우선 선호 주거 형태가 아파트인 것은 여전히 틀림없다.

생애 첫 주택 구입이라면 빌라나 다세대주택도 당연히 염두에 두지 않을 수 없다. 아파트에 비해 상대적으로 가격이 저렴하고 잘만 투자하면 재개발 투자도 가능하기 때문이다. 그러나 재개발 호재는 특성상 얼마나 시간이 걸릴지 모르고, 거래 자체도 상대적으로 수월하지 않은 만큼 신중할 필요가 있다. 이 책에서도 아무래도 관심이 높은 아파트 중심으로 설명이 진행됨을 양해 바란다.

어떤 면적이
가장 좋을까?

아파트를 기준으로 첫 집으로 선호되는 면적은 20평대다. 보통의 아파트라면 20평대부터 시작해 30평대, 40평대, 그 이상의 면적으로 구성된다. 가장 보편적이며 많은 세대수를 구성하는 것은 30평대다. 20평대도 역시 인기 평형인데 그 이유는 아무래도 금액적으로 부담이 덜하고 신혼부부 등 이제 막 가정을 꾸린 1~2인 가족에게 적당한 크기이기 때문이다. 주변 시세와 여러 개별화된 사정 등을 따져야겠지만 통상적으로 20평대와 30평대의 가격 차이는 약 집값의 10% 정도다. 즉 30평대 집이 10억 원이라면 20평대 집은 8억~9억 원 정도일 확률이 높다.

같은 10억 원짜리 아파트라면 중심지 20평대와 외곽 30평대 물건 중 당신은 무엇을 선택할 것인가? 가격이 같다면 여기서부터는 선택의 문제다. 시장의 가격은 생각보다 굉장히 정교하게 형성된다. 그렇기에 아무런 이유 없이 형성된 가격은 없다는 점을 감안해 신중한 판단을 내리면 된다. 집값 가치의 상승을 더 바란다면 실거주 요건은 다소 부족하더라도 중심지의 20평대를 고를 수 있고, 그보다 넓고 쾌적한 주거 환경을 원한다면 외곽의 30평대를 택하는 것도 가능하다.

간혹 20평대로 시작한 뒤 거주 요건에 만족해 몇 년 뒤 돈을 더 보태 해당 단지의 30평대 집으로 이사하는 경우도 있다. 보통 그런 일이 발생하는 단지는 그만큼 거주 만족도가 좋고 다른 부분에 약점이 없다는 뜻이다. 그렇다면 굳이 차순위 급지의 30평대보다는 20평대에서 시작해 그대로 그 동네에 안착하는 방법도 가능하다.

시장 거래 측면에서는 20평대와 30평대 모두 소위 '로열 면적'이라고 볼 수 있다. 20평대는 신혼부부를 비롯한 1~2인 가구 수요가 많고, 30평대는 3~4인 가구를 중심으로 수요층이 두텁기 때문이다. 20평대의 경우 광화문, 여의도, 강남 등 직장이 많은 3대 도심과 가까우면서 맞벌이 부부가 선호하는 교통의 요충지인 경우 인기가 많다. 반대로 교육환경이 좋고 안전하고 쾌적한 주거 환경이 보장되는 지역은 30평대의 인기가 높은 편이다. 이처럼 각 상황에 맞게 본인들의 성향과 환경 등을 고려해 선택하면 된다.

물론 시작부터 40평대에서 살겠다는 사람도 있을 것이다. 하지만 아무래도 40평대는 20~30평대에 비해 가구수가 적고, 그만큼 거래량도 적어 시세 반영이 더딜 확률이 높다. 거래가 일어나야 집값이 오르든, 내리든, 유지하든 할 텐데 손바뀜이 적으면 시황을 전혀 반영하지 못할 수도 있다. 집값이 급하게 올라 30평대 집이 2억 원 오르는 사이 40평대 집은 거래 자체가 없어 여전히 5년 전 가격에 머물러 있는 경우도 드물지 않다. 일반적으로는 유사한 비율로 가격이 오르고 내릴 확률이 높지만 간혹 이런 경우 30평대 가격과 40평대 가격의 시세 역전 현상까지도 발생한다. 거래 리스크를 줄이는 차원에서도 20~30평대가 좋은 선택지라고 생각한다.

가구수는 많을수록 좋을까?

아파트와 같은 공동주택의 경우 입지에 따라 가구수가 천차만별이다. 보통 300가구 미만을 다소 적은 가구수로 보고, 500가구를 평균적이고 무난한 가구수로 보며, 500가구가 넘어 1천 가구 이상이 될 경우 가구수가 많다고 평가한다. 가구수의 대소는 각각의 특징과 장단점이 존재한다.

300가구 미만의 소규모 단지 중 1개 동으로 구성된 아파트를 '나홀로 아파트'라고 부른다. 이처럼 소규모 아파트의 경우 공동주택의 관리비 부담이 상대적으로 크고, 가구수가 적은 만큼 단지 내 상업시설이나 커뮤니티 활동이 제약된다. 또한 앞서 언급한 대로 거래가 지속적으로 이뤄져야 시세 형성에 유리한 특성을 감안했을 때 거래량 역시 적을 수밖에 없다. 이처럼 단점밖에 없는 것 같은 소규모 단지의 최대 장점은 바로 상대적으로 저렴한 가격이다. 앞서 나열한 단점들이 가격 감쇄 요소인 만큼 주변의 일반적인 시세보다 저렴할 수밖에 없다. 즉 반대로 말하면 입지가 좋은 지역의 나홀로 아파트 또는 소규모 아파트는 좋은 입지의 장점을 활용하면서도 가격은 저렴하다는 특징을 가질 수 있다. 강남 등 인기 선호 주거지에서도 이런 나홀로 아파트의 인기가 높다. 일부 전문가들은 나홀로 아파트만 잘 사도 충분히 좋은 투자 전략이라는 평가까지 내리고 있다. 단지 내 생활은 다소 불편하더라도 입지의 특장점을 최대한 활용하고 싶다면 이러한 소규모 아파트를 사는 것도 좋은 방법이다.

500가구 전후로 가구수를 형성한 아파트는 가장 보편적인 경우다. 500가구 정도면 그렇게 아쉬울 만큼 적지도 않고 단지 자체의 크기도 어느 정도 최소한으로 확보된다. 또한 거래 역시 시세를 형성해갈 정도로는 이뤄질 수 있어 가장 무난하다고 보면 된다.

1천 가구가 넘는 대규모 단지는 단점보다는 장점이 두드러진다. 아무래도 단지가 큰 만큼 시세 형성은 두말할 것도 없고 단지 내부에서 편리하게 생활할 수 있다. 아파트 가구수만으로도 충분히 넘치는 상권이 형성되기 때문에 단지 입주민을 대상으로 특화된 서비스 등이 제공될 수 있다. 또한 가구수가 많이 늘어나는 만큼 관리비 부담도 적다는 이점이 있다. 특히 한 동네의 집값을 결정 짓는 대장주 아파트의 최우선 조건이 바로 가구수이기 때문에 가구수가 많다는 건 그만큼 그 동네에서의 영향력이 크다는 뜻이다. 해당 단지의 집값을 올리고 이끄는 주요한 요인이 되기 때문에 1천 가구 규모 이상이라면 가격 면에서도 장점이 많다. 마포구의 대장주로 불리는 마포래미안푸르지오는 3,885세대이며, 동부 이촌동의 대장주인 이촌동 한가람아파트는 2,036세대에 달한다. 반포 지역의 대장주로 불리는 반포자이는 3,410세대, 해당 아파트와 자웅을 겨루는 반포래미안퍼스티지도 2,444세대를 아우른다.

그렇다면 단지의 세대수가 많으면 단점은 없을까? 상대적으로 지엽적일 순 있지만 단지가 반대로 너무 클 경우에도 고충은 있다. 단지가 너무 크면 주요 상가 또는 지하철역 등이 상당히 멀리 떨어져 있을 수 있다. 또한 한꺼번에 많은 사람이 몰리거나 이동할 경우 교통난이나 복잡함을 초래하기도 한다. 이와 별개로 만약 아파트 차원의 중대한 의사결정이 필요할 경우 의견의 다양성을 수렴

시키는 일이 쉽지 않다. 특히 재건축이나 리모델링 등 재산적으로 매우 중요한 의사결정을 내릴 때는 많은 가구수가 되레 발목을 잡기도 한다. 그렇게 따지면 모든 게 적당한 것이 최선이란 말이 어쩌면 맞을 수 있겠단 생각도 든다.

입주년차가 가격을 정한다

입주년차 역시 중요한 선택지 중 하나다. 통상 5년 이내 입주한 아파트를 신축 아파트라 부르는데, 좀 더 넓게 확대하면 입주 10년 안이면 그래도 신축이라 볼 수 있다. 반대로 20년 이상 된 아파트는 구축 아파트 분류에 들어가기 시작한다. 현재 국내 재건축 가능 최소 연한은 30년이다. 즉 30년이 지난 아파트는 재건축을 할 수 있는 최소한의 연한을 채웠다는 뜻이다. 다시 풀어 말하면 30년 된 아파트는 이제 낡았다는 공식 인증을 받는 셈이다.

아파트 가격은 일반적인 재화와 다르게 형성된다. 통상 사용하면 사용할수록 감가상각처럼 가격이 떨어지는 것이 일반 재화의 특징이다. 물론 그림, 도자기, 와인과 같이 시간이 지날수록 더욱 가치가 올라가는 것은 열외로 치자. 그런데 부동산 가격은 희한하게도 처음 신축일 때 가격이 가장 비쌌다가 시간이 지날수록 가격이 떨어진다. 그리고 재건축 또는 리모델링 등 낡았다는 공인 마크가 찍히기 시작하면서 다시 가격이 비싸진다. 즉 매우 낡아 새 옷을 입을 수 있는 자격을 갖춘 노후 아파트는 사실상 새로운 아파트로 재탄생할 것이라는 기대감이 가격에 반영된다. 결국 아파트 가격이 가장 쌀 때는 아마 15년 전후의 애매한 연식일 가능성이 높다.

최근 주택 시장에서는 신축 아파트의 질주가 눈에 띈다. 재건축 아파트는 재건축이나 재개발이 되기만 하면 그 어떤 아파트보다 가장 새로운 아파트가 되는 것이 맞지만, 시장 상황과 정책에 따른 변수가 너무나도 크다는 단점이 있다. 운이 좋아 재건축 아파트가 몇 년 만에 신축 아파트로 변모한다면 참 행복한 일이겠지만, 여러 복잡한 사정으로 40년이 지난 모 아파트가 아직도 언제 재건축될지조차 가늠하지 못한 채 낡아가고 있는 상황이어서 리스크가 큰 편이다. 그런 리스크로 인해 최근에는 더욱 신축 아파트가 각광받고 있다. 신축 아파트는 아무래도 최신식 건설공법과 설계기술로 쾌적하고 편리한 주거 환경을 제공한다. 지하주차장에서 주차를 하고 엘리베이터를 타고 내 집까지 바로 들어갈 수 있고, 지상층에는 차량도 없고 아름다운 조경이 마련되어 있고, 독서실과 골프장 등 각종 편의시설과 커뮤니티 시설이 삶의 질을 높여준다. 최근 삶의 질의 중요성이 강화되면서 이러한 쾌적한 주거 환경에 대한 선호도가 더욱 높아진 분위기다.

그렇다면 문제는 결국 가격이다. 누구나 살고 싶은 아파트는 그

만큼 가격이 가장 비싸다. 첫 집을 마련하는 실수요자 입장에서는 원하는 입지에, 원하는 신축 아파트를 산다는 게 쉽지 않다. 여기서 선택지가 주어진다. 중심지에서 멀어지더라도 신축으로 갈 것인지, 아니면 이러한 것을 어디까지 포기하고 입지를 택할 것인지의 문제다. 이 역시 개인의 선택의 영역인 만큼 결단이 필요하다.

반대로 재건축 아파트를 첫 집으로 마련하겠다는 건 사실상 현재의 주거 만족도는 상당 부분 포기한다는 것으로 봐야 한다. 절대적 시간이 오래된 만큼 아무리 관리를 잘했다 하더라도 만족도가 낮은 건 어쩔 수 없다. 예를 들어 심각하게는 지하주차장이 없거나 커뮤니티 시설도 아예 부재할지 모른다. 세월만큼 녹슨 배수관 문제, 약한 수압, 누수 등 수리할 것도 산더미처럼 쌓여 있을 수 있다. 또 아파트 실내 구조 역시 어느 정도 불편함을 감수해야 한다. 결국 이러한 것을 감수하는 이유는 딱 하나다. 바로 미래가치에 투자하기 위해서다.

물론 여윳돈이 있어 따로 투자 차원에서 재건축 아파트를 사는 것은 별개의 문제다. 일단 이 책은 실거주 목적으로 내 집 마련에 나선 사람들을 위한 책인 만큼 실거주를 전제로 기술하고 있음을 밝힌다. 그렇다면 가격적 절충지인 신축도 구축도 아닌 15년 안팎의 낀 아파트를 노리면 어떨까? 모든 측면에서 가장 애매할 수도 있지만 가격 경쟁력이 좋다는 이유 하나만으로 충분히 매력 있다고 생각한다.

용적률과
건폐율

용적률과 건폐율은 부동산 투자에 있어서 굉장히 중요한 개념이다. 먼저 용적률은 전체 대지면적에서 지하층을 제외한 지상층의 총 면적(연면적) 비율을 의미한다.

$$\frac{연면적}{대지면적} \times 100 = 용적률$$

이때 지상층에서 필로티와 같은 구조물은 바닥 면적에서 제외한다. 아파트의 경우 용적률이 높다는 것은 단지가 더욱 높고 빽빽하게 지어졌다는 의미다. 즉 대지 활용 측면에서 가장 효율화할 수 있는 방법이 용적률을 높여 최대한 높게, 최대한 많이 짓는 것이다. 그러나 과하게 용적률이 높을 경우 당연히 미관상 답답하고 복잡한 느낌을 줄 수밖에 없다. 그래서 용적률은 도시 개발 관점에서 관리해야 할 요소이기도 하다.

규제 기관에서도 이러한 문제를 줄이기 위해 용적률에 제한을 두어 규제하고 있다. 주거 지역의 용적률 규제의 경우 임대주택 추가 여부, 기부채납 여부 등에 따라서 좀 더 늘릴 수 있는 형식이다.

건폐율은 대지면적 중 건물이 차지하는 대지면적의 비중이다.

$$\frac{건축면적}{대지면적} \times 100 = 건폐율$$

건폐율 역시 일조권, 채광, 통풍 등 건축 밀도에 영향을 미치는 요소다. 건물과 건물 사이 대지에서의 여유 공간을 확보해 과밀화를 막는 것이 핵심이다. 예를 들어 100평짜리 땅에 40평짜리 3개 층의 건물이 올라갔다면 용적률은 120%, 건폐율은 40%인 것이다.

그렇다면 이러한 용적률과 건폐율이 왜 중요할까? 용적률과 건

도시 지역 용적률, 건폐율 규제

용도 지역			건폐율	용적률
도시지역	주거지역	제1종전용주거지역	50% 이하	50% 이상~100% 이하
		제2종전용주거지역	50% 이하	100% 이상~150% 이하
		제1종일반주거지역	60% 이하	100% 이상~200% 이하
		제2종일반주거지역	60% 이하	150% 이상~250% 이하
		제3종일반주거지역	50% 이하	200% 이상~300% 이하
		준주거지역	70% 이하	200% 이상~500% 이하
	상업지역	중심상업지역	90% 이하	400% 이상~1,500% 이하
		일반상업지역	80% 이하	300% 이상~1,300% 이하
		근린상업지역	70% 이하	200% 이상~900% 이하
		유통상업지역	80% 이하	200% 이상~1,100% 이하

자료: 국토교통부

단지 정보

✦ 서울시 건축물 대장 정보 >

세대수	515세대(총5개동)	저/최고층	12층/12층
사용승인일	1981년 04월 10일	총주차대수	-
용적률	173%	건폐율	28%
건설사	현대건설		
난방	중앙난방, 열병합		
관리사무소	02-543-5723		
주소	서울시 강남구 압구정동 481 도로명 서울시 강남구 압구정로 309		
면적	115㎡, 119B㎡, 119A㎡, 177㎡		

▶ 네이버 부동산을 통해 살펴본 압구정현대8차 단지 정보

폐율이 낮다는 말은 해당 대지에서 차지하는 건물이 빽빽하지 않고 땅의 여유 공간이 그만큼 많다는 뜻이다. 즉 정부가 규제하고 있는 상한까지 용적률을 늘릴 수 있는 여유가 있다는 뜻이다.

대표적인 강남 재건축 대상 아파트인 압구정현대8차를 살펴보자. 해당 아파트는 1981년에 지어진 40년이 넘은 아파트로 용적률 173%, 건폐율 28%다. 40년 전 지어진 해당 아파트는 층수도 높지 않을 뿐더러 동 간 간격이 아주 넉넉하게 지어졌다. 용적률이 180%가 채 안 되고 건폐율도 28%로 전체 땅의 28%만 쓰고 있으니 이보다 더 좋은 재건축 환경은 있을 수 없다. 결국 용적률과 건폐율은 재건축 수익과 직결되어 있다고 보면 된다.

이처럼 재건축의 핵심은 현재 살고 있는 사람들, 즉 조합원들이 추가로 지을 수 있는 집을 일반분양해 그 수익을 바탕으로 새로운 아파트를 짓는 것이다. 용적률이 낮으면 더 많은 아파트를 지을 수 있다. 이는 일반분양을 통해 아파트 분양 수익을 재건축 비용으로 보탤 수 있다는 뜻이다. 용적률이 낮은 아파트는 본인들의 비용 부담을 최소화해서 새로운 집을 얻을 수 있기 때문에 여러모로 유리하다. 통상적으로 용적률이 150% 미만이면 재건축에 최적화된 아파트라고 보고, 용적률 200%까지는 재건축이 가능하다고 본다. 그 이상의 경우 재건축보다는 리모델링 사업으로 비용을 줄이고 주거환경을 개선하는 것이 낫다는 게 일반적인 분석이다.

전세가율과 갭가격

전세가율과 갭가격 역시 실거주보단 투자가치적 측면에서 더 큰 의미를 가지고 있는 지표다. 전세가율은 말 그대로 매매가 대비 전세가의 비율이다.

$$\frac{전세가격}{매매가격} \times 100 = 전세가율$$

매매가 10억 원, 전세가가 7억 원이면 전세가율은 70%인 셈이다. 보통 전세가격은 신축 아파트일수록 높고 구축 아파트일수록 낮다. 아무래도 전세라는 제도 자체가 임대료를 맡겼다 일정 기간 지난 후 돌려주는 개념이다 보니 결국 전세입자의 실거주 만족도가 높을수록 가격이 높은 것이 특징이다. 즉 신축 아파트처럼 깨끗하고 편리성이 확보된 물건일수록 매매가 대비 전세가 비율이 높다. 반면 구축 아파트의 경우 실거주 만족도가 떨어지는 만큼 전세가율이 낮을 수밖에 없다.

전세가율이 중요한 이유 중 하나는 바로 집값의 향방에 영향을 미칠 수 있기 때문이다. 과거 일부 집값이 요동칠 때는 전세가가 크게 움직이지 않고 집값만 움직이는 경향성이 짙었다. 그러나 최근 집값 상승이 더욱 가팔라지면서 전세가격도 키 맞추기 식으로 함께 올라가는 양상을 보이고 있다. 또 집값 상승을 따라가지 못해 집을 사는 타이밍을 놓친 무주택자 등 실수요자들이 전세로 넘어가면서 전세 품귀 현상이 강화되기도 했다.

당장 여력이 안 되어 일단 전세를 끼고 산 뒤 입주하려는 계획을 짰다면 몰라도, 실수요자 입장에서 전세가격은 사실 큰 의미는 없다. 갭가격이 적으면 전세를 끼고 집을 사기 용이한데, 여기서 갭가격이란 매매가와 전세가의 차액을 의미한다. 갭가격이 적을수록 당연히 더욱 적은 금액으로 갭투자가 가능하다. 그러나 2020년 6·17 대책을 통해 규제 지역 내에서 주택을 사려고 주택담보대출을 받은 경우

6개월 내 전입해야 하는 의무 규정이 생겼다. 전세를 끼고 사는 갭투자를 봉쇄하는 정책이 나온 것이다. 사실상 갭투자의 시대가 저물었다는 이야기가 나오는 이유다. 물론 비규제 지역의 경우 여전히 갭투자 규제가 없기 때문에 수천만 원만 있으면 전세를 끼고 집을 사는 것이 불가능하지는 않다. 관련 규제는 언제든 시황에 따라 바뀔 수 있으니 현재는 개념 정도만 알아두는 게 좋다.

공급면적?
전용면적?

신혼집을 알아보고 있는 직장인 김전세 씨는 주말을 맞아 부동산 임장에 나섰다. 집을 사겠다고 아파트나 주택가 인근 공인중개사무소를 살펴보는데 아주 헷갈리는 일이 생겼다. 분명 같은 동 같은 호수인데 A공인중개사무실에서는 '59m²'라 쓰여 있고, B공인중개사무실에서는 '24평'이라 말하고, C공인중개사무실 벽면에는 '80m²'라고 쓰여 있는 것이다. 혹시 면적이 다른 건가 싶어 물어보면 그 매물이 그 매물이란다. 즉 같은 매물을 두고 각각 59m², 24평, 80m²라고 써놓은 것이다. 참으로 헷갈린다. 왜 그런 거냐고 물어보고 싶지만 괜히 무시당할까 아는 척하고 넘기고 말았다. 도대체 왜 이런 일이 생긴 걸까?

이야기에 앞서 먼저 우리나라에서 땅의 넓이나 아파트의 면적을 표시하는 '평'에 대해 이해할 필요가 있다. 평은 일제강점기에 들어온 일본의 단위로 1평은 3.3㎡로 환산된다. 알다시피 한국에서 땅의 크기, 아파트의 면적 등을 표현할 때는 평이라는 단위가 가장 흔하게 쓰인다. 실전 면적용어인 셈이다. 하지만 대부분의 언론사 뉴스나 공식적인 홍보물 등에서는 평이 아닌 ㎡ 단위를 이용하는 것이 원칙이다. 과거의 잔재에서 벗어나 국제화된 표준 단위를 사용하자는 취지다.

여기서부터 혼란이 시작된다. 20평대, 30평대와 같이 평 문화에 익숙한 일반인들 사이에서는 갑자기 ㎡를 이용하니 불편함이 적지 않다. 어디에서는 평을 쓰고, 또 어디에서는 ㎡를 쓰는 등 단위를 혼용하는 경우가 많아 헷갈리는 상황이 계속 생기는 것이다.

현장에서도 여전히 1㎡당 얼마라는 표현보다는 3.3㎡당 얼마라는 표현을 쓰며 여전히 평 문화를 버리지 못하고 있는 것이 현실이다. 즉 ㎡ 단위를 사용하면서도 사실상 1평에 해당하는 3.3㎡를 하나의 기준 단위로 사용하면서 평 문화를 그대로 이어가고 있는 것이다. 네이버 부동산이나 호갱노노 등 일반인들이 많이 사용하는 플랫폼에서도 ㎡ 단위와 평 단위를 모두 제공하고 있다. 평이

편한 사람은 평을 기준으로 살펴보고, m²가 익숙하면 그 단위를 사용하라는 것이다. 다소 번거롭지만 서비스 이용자 입장에서는 편리하긴 하다.

전용면적과 공용면적의 차이

m²와 평의 단위 혼재 문제에 대해서는 문제 파악이 끝났다. 앞서 김전세 씨의 사례로 돌아가보자. 24평이면 '24×3.3=79.2m²', 즉 80m²라고 표기하면 될 텐데 과연 59m²는 어디서 나온 걸까? 여기서 두 번째 혼란이 찾아온다. 59m²를 평으로 환산하면 약 17.6평이다. 쉽게 말해 17.6평 아파트가 24평 아파트라 불리고 있는 것이다. 여기에서 전용면적과 공용면적의 개념이 등장한다.

전용면적은 실제로 우리 가족이 사용하는 진짜 집의 면적이다. 방, 거실, 화장실, 주방 등 각 세대가 독립적으로 사용하는 면적을 합한 것으로, 쉽게 말해 현관문을 열고 들어서는 순간부터 사용하는 면적이 바로 전용면적이다. 전용면적은 현재 아파트 면적과 세금 산정 시 사용하는 기준 면적이다. 예를 들어 청약에서도 대부분 면적을 전용면적 59m² 혹은 전용면적 84m² 등으로 표기하고 구분한다. 앞서 언급한 투기과열지구에서 가점제 100%가 적용되는 면적의 기준도 전용면적 85m² 이하였다. 이처럼 어떠한 규제나 법을 적용할 때도 전용면적을 기준으로 구분하기 때문에 집을 알아볼 때 전용면적을 분명하게 아는 것이 매우 중요하다. 또한 등기부등본에 기재되는 구분소유권의 면적 역시 이 전용면적으로 기재된다. 남들과 구별되는 나만의 공간, 그것이 바로 전용면적이다.

그럼 공용면적은 무엇일까? 전용면적이 실제 집에서 생활하는 면적이라면 공용면적이란 말 그대로 공용으로 사용하는 면적을 뜻한다. 공용면적은 계단, 복도, 1층 현관, 엘리베이터 등 주거와 관련된 '주거공용면적'과 지하주차장, 관리사무소, 헬스장, 골프장 등 커뮤니티 시설과 같은 '기타공용면적'으로 구분된다. 또한 실내에도 전용면적 외의 공간이 존재하는데, 바로 전용면적에 산정되지 않는 '서비스면적'이 그 주인공이다. 서비스면적은 쉽게 발코니라고 생각하면 된다. 말 그대로 서비스인 만큼 재량으로 공급되는 면적이며, 발코니가 넓으면 당연히 실제 사용하는 공간이 넓어지는 효과가 생긴다. 들어봤을지 모르겠지만 집에 '광폭 베란다' 설계가 적용되었다고 하면 '서비스면적이 많이 제공되었구나.'라고 생각하면 된다. 보통 광폭 베란다 설계가 적용된 아파트의 경우 업계에서는 10평 이상 커 보인다고 표현하기도 한다. 그만큼 서비스면적이 실생활에 미치는 영향은 상상 이상이다.

앞서 언급한 전용면적, 공용면적, 서비스면적과 구별되는 개념이 공급면적과 계약면적이다. 공급면적이란 전용면적과 주거공용면

공급면적과 계약면적의 범위

계약면적

| 전용면적 | 주거공용면적 | 기타공용면적 |

공급면적

적의 합이다. 일상에서 집의 면적을 이야기할 때 언급하는 크기를 뜻한다. 분양면적이라고도 표현한다. 예를 들어 "우리 집은 20평대 구축 아파트야." "우리 집은 33평 3베이 아파트야."라고 표현할 때 쓰는 면적이 바로 공급면적이다. 여기에 기타공용면적까지 더한 면적이 바로 계약면적이다.

전용률과
분양가 산정

여기에 전용률이란 개념을 하나 더 알면 좋다. 전용률이란 분양 면적 중 전용면적이 차지하는 비율이다. 상식적으로 당연히 자신 의 전용 공간이 늘어나면 좋은 것이니 전용률이 높으면 좋다고 생각할지 모른다. 하지만 전용률이 높다는 건 반대로 공용 공간이 그만큼 작다는 뜻이기도 하니 구별해 생각할 필요가 있다. 첨언하자면 오피스텔의 전용률은 계산법이 다소 다르다. 오피스텔의 전용률에서 분양면적은 기타공용면적까지 포함한 계약면적이다. 즉 상대적으로 전용면적이 차지하는 비율이 낮을 수밖에 없다. 게다가 오피스텔은 서비스면적이라 불리는 발코니 설계가 원칙적으로 불가능하다. 그래서 같은 면적이어도 아파트보다 오피스텔의 실거주 면적이 좁은 것이다. 마찬가지로 아파트의 경우 보통 70% 전후의 전용률을 보이지만 오피스텔은 대략 50% 전후다. 오피스텔이나 상가의 경우 전용률이 높다는 건 반대로 공용 공간이 적다는 뜻이다. 개인 공간이 아닌 사무용 또는 손님을 받아야 하는 상가형 건물이라면 좁은 공용 공간이 큰 단점으로 작용한다. 상황에 따라 전용률이 높은 것도 마냥 능사는 아니다.

아파트 전용률: 전용면적/분양면적(공급면적)×100

오피스텔 전용률: 전용면적/분양면적(계약면적)×100

상가 전용률: 전용면적/분양면적(계약면적)×100

이런 차이가 발생하는 이유는 관련 법규가 다르기 때문이다. 이는 분양가 산정에서도 차이를 만들어낸다. 아파트의 분양면적은 공급면적, 즉 전용면적과 주거공용면적을 더한 값인 반면, 오피스텔은 이에 더해 기타공용면적까지 분양면적이다. 즉 동일한 전용면적이어도 오피스텔의 분양면적이 아파트보다 더 많아지는 것이다. 그래서 같은 전용면적이더라도 오피스텔의 평당 분양가는 아파트보다 상대적으로 저렴할 수밖에 없다.

자, 그럼 다시 처음으로 돌아가 김전세 씨가 만난 세 가지 면적 단위의 의미를 정리해보자. A공인중개사무실의 59m²는 전용면적 59m²를 뜻한 것이고, B공인중개사무실의 24평은 공급면적 24평형 아파트를 뜻한 것이며, C공인중개사무실의 80m²는 공급면적 24평을 m²로 환산한 것이다. 표기법이 전부 하나로 통일되면 좋겠지만 시장에서 사적으로 사용하는 것조차 법적으로 규제하거나 통제할 수 없기 때문에 이는 어쩔 수 없는 부분이다. 그래도 이번 장을 통해 이제 면적과 관련된 혼돈은 없을 것이라 생각한다.

재건축·재개발 이해하기

#재건축 #재개발 #입주권 #분양권

사실 실거주 목적이라면 재건축·재개발에 대해 깊게 공부할 필요는 없다. 함께 간략하게만 살펴보자.

재건축과 재개발의 차이

재건축이란 「도시 및 주거환경정비법」에 근거해 기존의 낡은 아파트나 연립주택지구를 허물고 다시 짓는 것으로, 즉 정비기반시설은 양호하나 노후 및 불량 건축물에 해당하는 공동주택이 밀집한 지역의 주거 환경을 개선하기 위해 이뤄지는 사업이다. 재건축 대상은 기본적으로 노후하고 불량한 주택으로 공동주택을 원칙으로 하나 예외적으로 단독주택도 대상에 포함하고 있다. 쉽게 설명해 오래되어 낡은 아파트 등 공동주택을 허물고 새 아파트를 짓는 것이다.

재개발이란 주거 환경이 낙후된 지역에 도로·상하수도 등의 기반시설을 새로 정비하고 주택을 신축함으로써 주거 환경 및 경관을 재정비하는 사업을 말한다. 재개발의 경우에는 공공사업의 성격을 띠고 있다는 점에서 재건축과 구별된다. 낙후된 빌라촌, 주택가를 허물고 깨끗한 아파트 등 공동주택으로 바꾸는 것이 재개발이다.

이처럼 두 개념은 상황에 대한 차이만 있을 뿐 결과적으로는 신축 아파트를 짓는다는 동일한 목표를 갖고 있다. 재건축을 기준으로 그 과정을 간단히 설명하면 다음과 같다.

정비기본계획 수립에서부터 정비구역 지정 → 추진위원회 구성 → 조합설립 인가 → 건축 심의(안전진단 등) → 사업 시행 인가 → 시공사 선정 → 관리처분 인가 → 이주와 공사 → 일반분양 → 준공과 조합 청산

각 단계별로 변수가 많고 규제 기관의 심의를 통과해야 하기 때문에 적어도 5~10년은 걸린다고 봐야 한다. 오래 걸리는 곳은 십수 년씩 걸리기도 한다. 재개발 역시 비슷한 복잡한 절차를 거쳐야 최종적으로 끝이 난다.

재건축·재개발 투자는 사실상 실거주 목적의 주택 구입과는 조금 결이 다르다. 투자와 실거주라는 두 마리 토끼를 잡기 위해 투자를 감행하기도 하지만, 부린이라면 일단은 조금 조심스럽게 접근하는 것이 좋다.

입주권과 분양권의 장단점

재개발·재건축 아파트에 대해 공부하다 보면 입주권과 분양권에 대한 이야기를 많이 접하게 된다. 먼저 입주권은 재개발이나 재건축이 진행되는 과정에서 기존의 낡은 주택을 사서 얻은 집에 대한 권리를 뜻한다. 정확히 조합원 입주권이라고 말한다. 일반분양과 달리 개발 단계에서 원소유자이자 재건축과 재개발을 추진하는 주체로 합류하는 것이다. 반면 재건축 과정이 사실상 마무리되어 청약 등 일반분양 단계에서 분양받을 권리를 분양권이라고 한다. 소위 청약에 당첨되어 얻은 아파트 소유권이 바로 입주권이다. 이런

입주권과 분양권 비교		
구분	입주권	분양권
장점	좋은 동, 호수 배정 가능	초기 투자금 부담 적음
단점	초기 투자금 부담 큼	좋은 동, 호수 배정 어려움
유의점	부담스러운 추가분담금	전매 시 웃돈 필요

입주권은 청약 당첨을 통해 얻을 수도 있지만 프리미엄이 붙어 거래되기도 한다.

입주권의 장점은 좋은 동과 좋은 층, 일명 로얄층과 로얄동을 선점할 수 있다는 것이다. 입주권을 가진 조합원은 보다 저렴한 가격으로 주택을 마련할 수 있고, 발코니 확장이나 이주비 지원 등 조합원 권리를 누릴 수 있다. 조합원이 조합원의 땅을 재건축 또는 재개발하는 것인 만큼 당연히 이들이 전체 부지에서 가장 좋은 동과 호를 차지할 수 있다. 일반분양 물량은 상대적으로 아쉬운 위치인 경우가 대다수다. 하지만 입주권이 있다면 그런 문제는 생기지 않는다. 분양권보다 상대적으로 입주권 가격이 저렴하다는 것도 특징이긴 하다. 단 주택 수를 산정할 때 입주권은 1주택으로 간주되니 주의가 필요하다. 비용적인 측면에서는 단점이 있다. 일단 한 번에 필요한 금액 자체가 크다. 재건축이 확정되거나 마무리 단계가 아닌 시점에 입주권을 매수했다면 진행 과정에서 발생하는 변수를 오롯이 감당해야 하는 리스크가 생긴다. 공사 지연, 설계 및 마감재 변경, 일반분양 미분양 발생 등 각종 변수로부터 보호받지 못해 예상치 못한 추가분담금이 늘어날 수 있다.

분양권은 청약통장이 없거나 가점이 낮아 도저히 청약에 당첨될 가능성이 없을 때 웃돈을 얹어 분양받을 권리를 사는 것이다. 청약통장의 가점에 가격을 지불하는 셈이다. 입주권과 달리 일반분양 단계에서 주택 권리를 얻는 만큼 한 번에 목돈이 들지 않고 계약금, 중도금, 잔금으로 돈을 나눠 낸다는 점은 장점이다. 중도금은 집단대출 등으로 대체되기도 한다. 단 2021년 법 개정을 통해 이제 분양권도 입주권과 마찬가지로 주택 수에 포함된다. 분양권은 그동안 주택 수에 포함되지 않았다.

현재는 입주권과 분양권 거래에 대한 규제가 강화되면서 재개발과 재건축 어느 것 하나 손을 대기 쉽지 않은 상황이다. 투기과열지구에서 조합설립 인가 이후 또는 관리처분 인가 계획 후에 조합원 지위를 양도하면 매수인은 조합원 지위를 양수하지 못하고 현금이 청산된다. 또 분양권 전매금지 조치 강화로 현재는 물건을 쉽게 사고팔 수도 없는 상황이다.

부동산 세금의
모든 것

#부동산세금 #3대장 #취득세 #보유세 #양도세

부동산 규제가 쏟아지고 새로운 규정이 난립하면서 가장 복잡하고 어려워진 부분이 사실 세금이다. 내가 사고 싶은 집을 사고, 팔고 싶은 집을 파는 과정에서 세금 때문에 발목 잡힌 사람들의 이야기가 연일 쏟아진다. 복잡한 세금 계산으로 골머리를 앓다가 뒤늦게 세무사 등 전문가를 찾아 나서는 경우도 많다. 세금은 각자 사정에 따라 다르게 적용되는 만큼 기본적인 규정 위주로 소개하겠다. 집을 사고파는 과정에서 발생하는 세금을 생각하면 이해가 쉽다. 부동산 세금은 크게 집을 살 때 필요한 취득세, 집을 보유하고

구분	국세	지방세제	
		지방세	관련 부가세
취득 시	· 인지세(계약서 작성 시) · 상속세(상속받을 시) · 증여세(증여받을 시)	· 취득세	· 농어촌특별세(국세) · 지방교육세
보유 시	· 종합부동산세(일정 기준금액 초과 시) · 농어촌특별세(종합부동산세 관련 부가세)	· 재산세	· 지방교육세 · 지역자원시설세
처분 시	· 양도세	· 지방소득세 (소득분)	· 해당 없음

자료: 국세청

있기에 부과되는 보유세, 그리고 집을 팔았을 때 부과되는 양도세로 나뉜다. 매년 규제와 정책에 따라 세법이 조금씩 바뀌는 만큼 항상 꼼꼼히 점검하기 바란다.

첫 번째,
취득세

부동산을 취득하면 가장 먼저 지방세인 취득세가 과세된다. 1주택의 경우 주택가액의 1~3%를 부과받는다. 6억 원 이하는 1%,

9억 원 초과는 3%를 적용받으며 6억 원 초과~9억 원 미만은 다음의 계산식에 따라 산출된 세율을 적용받는다.

$$(취득가액 \times \frac{2}{3억\ 원} - 3) \times \frac{1}{100}$$

취득세 외에 지방교육세와 농어촌특별세가 추가로 부가되지만 농어촌특별세는 전용면적 $85m^2$ 초과 주택에만 부과된다. 보통 이 지방교육세, 농어촌특별세를 포함해서 취득세라고 부른다. 취득세

취득가액 및 전용면적별 취득세

취득 가액	전용 면적	취득세	지방교육세	농어촌특별세
6억 원 이하	$85m^2$ 이하	1.0%	0.1%	비과세
	$85m^2$ 초과	1.0%	0.1%	0.2%
6억 원 초과~ 9억 원 이하	$85m^2$ 이하	(취득가액×2/3억 원-3)× 0.01	취득세율×0.1%	비과세
	$85m^2$ 초과	(취득가액×2/3억 원-3)× 0.01	취득세율×0.1%	0.2%
9억 원 초과	$85m^2$ 이하	3.0%	0.3%	비과세
	$85m^2$ 초과	3.0%	0.3%	0.2%

자료: 위택스

는 부동산을 취득한 날로부터 60일 이내에 신고 및 납부해야 한다.

　다주택자에 대한 취득세 규정은 2020년 7·10 대책에 따라 매우 강력하게 강화되었지만, 우리는 실거주용 한 채를 매입하는 것이 목표이기 때문에 큰 관계는 없다. 취득세와 더불어 추가로 내야 할 세금이 바로 국채할인금액, 인지세, 법무사비, 부동산 중개보수 등이다. 해당 비용 역시 주택의 가액 등에 따라 달라지니 잘 계산해보기 바란다.

　그럼 직접 취득세를 계산해보자. 예를 들어 전용면적 $85m^2$ 이하 9억 원 주택을 살 경우 취득세는 3%인 2,700만 원, 지방교육세는 0.3%인 270만 원, 농어촌특별세는 비과세다. 취득세는 총 2,970만 원이 부과되는 것이다. 만약 같은 조건에 전용면적만 $85m^2$ 초과라면 취득세는 농어촌특별세 180만 원이 추가되어 3,150만 원이 된

증여세와 상속세		
과세표준	세율	누진공제
1억 원 이하	10%	-
1억 원 초과~5억 원 이하	20%	1천만 원
5억 원 초과~10억 원 이하	30%	6천만 원
10억 원 초과~30억 원 이하	40%	1억 6천만 원
30억 원 초과	50%	4억 6천만 원

자료: 국세청

다. 인터넷에서 쉽게 복잡한 계산을 대신 해주는 취득세 계산기가 있으니 미리 이용해보는 것을 추천한다.

증여나 상속을 통해 주택을 취득할 경우 증여세와 상속세가 부과된다. 해당 내용은 간단히 도표만 살펴보고 넘어가겠다.

두 번째,
보유세

2005년부터 주택은 건물과 토지를 통합해 재산세와 종합부동산세(이하 종부세)가 과세되고 있다. 주택 소유자가 내는 보유세는 재산세와 종부세 두 가지라고 생각하면 된다. 재산세는 지방세고 종부세는 국세다. 즉 토지, 건축물, 주택에 부과되는 재산세는 지방자치단체가 걷어서 활용하는 반면, 종부세는 정부가 세금을 걷어 지자체로 교부하는 개념이다. 일반 건물은 재산세만 과세되고 있고 토지의 경우 종합합산대상 및 별도합산대상 토지로 나눠 재산세와 종부세가 과세된다.

재산세는 부동산을 보유하고 있는 사람에게 부과하는 세금이다. 정확히 6월 1일에 부동산을 소유하고 있는 사람에게 부과되며, 7월 16~31일에는 주택 부분의 1/2과 건물 부분의 재산세를, 9월 16~30일에는 주택 부분의 1/2과 토지 부분의 재산세를 낸다. 그래

자료: 국세청

서 6월 1일 이전에 집을 매매해 재산세 부과를 피하려는 거래가 이뤄지기도 한다. 매매 거래 시 재산세 납부 기준은 잔금일과 등기일 중 빠른 날짜로 정해진다. 즉 통상 잔금 납부 후 등기를 치는 관행을 볼 때 잔금일이 재산세 부과 기준일이 되는 것이다. 주택의 재산세액이 10만 원 이하인 경우에는 7월에 전액 납부 가능하다.

재산세 납부액은 주택 매입가격이나 현재 시장가격이 아닌 '공시가격'을 기준으로 부과된다. 해당 공시가격에 공정시장가액비율을 곱해 산정되며, 재산세율은 「지방세법」 규정에 따라 전국적으로 동일하게 적용된다. 취득세와 마찬가지로 재산세는 지방교육세(재산세 납부세액의 20%), 재산세 도시지역분(재산세 과세표준의 0.14%), 지역자원시설세가 부과된다.

재산세를 정확히 계산하려면 공시가격과 공정시장가액비율에 대한 이해가 필요하다. 공시가격이란 세무당국이 과세의 기준으로 삼는 가격을 뜻한다. 예를 들어 A아파트의 재산세를 산정해야 하는데 A아파트가 1월 1일에 8억 원에 거래되고, 3월 1일에 7억 원에 거래되고, 5월 1일에 8억 5천만 원에 거래되었다고 가정해보자. 그렇다면 얼마를 기준으로 세금을 부과해야 할까? 같은 동, 비슷한 층의 아파트인데 저렇게 한 해에 최고 1억 5천만 원까지 차이가 난다면 개별 과세 시 형평성의 문제가 생긴다. 그래서 시장 거래가와 별도로 정부에서 해당 아파트, 해당 면적의 과세표준을 정해둔 것이 바로 공시가격이다. 통상 매년 1월 1일을 기준으로 산정되며 4월에 열람이 가능해 직접 확인한 뒤 이의 제기 등을 할 수 있다. 이처럼 정해진 공시가격을 기준으로 재산세와 종부세 등 보유세가 부과된다고 생각하면 된다.

또 공정시장가액비율이란 재산세나 종부세를 산출하기 위한 과세표준을 정할 때 쓰는 비율로, 공시가격에 할인을 적용해 최종적으로 재산세 과세표준을 정하는 비율이다. 즉 공시가격에다 공정시장가액비율을 곱하면 최종적인 재산세 과세표준이 나오는 것이다. 2021년 기준 재산세의 공정시장가액비율은 60%, 종부세의 공정시장가액비율은 95%다. 이처럼 세금의 종류, 부동산 시장 상황에 따라 해당 비율은 조정된다. 2022년 종부세 공정시장가액비율은 100%로 세부담은 지속적으로 늘어나는 상황이다.

여기에 세부담 상한 개념도 알아둘 필요가 있다. 세부담 상한이란 만약 작년에 비해 올해 세금이 갑자기 많이 올랐을 경우 세부담 상한 이상으로는 낼 필요가 없다는 정책적 배려다. 예를 들어 세부담 상한이 200%면 세금이 작년보다 2배 이상 올랐다 하더라도 2배까지만 내면 된다는 뜻이다. 장기보유공제와 고령자공제 등 특별한 기간 이상 또는 특정 나이 이상인 보유자를 위한 세금 공제 혜택 등도 있으니 꼼꼼히 챙기기 바란다.

재산세가 부동산을 보유한 사람에게 부과하는 세금이라면 종부세는 부동산 과다 보유에 대한 과세를 의미한다. 일종의 토지공개념(토지의 소유와 처분이 공공의 이익을 위해 적절히 제한될 수 있다는 개념)으로도 볼 수 있다. 부동산 폭등을 막기 위한 하나의 견제 장치인 셈이다. 종부세는 지방자치단체가 부과하는 종합토지세 외에 일정 기준을 초과하는 주택과 토지 소유자에 대해 국세청이 별도로 누진세율을 적용해 부과하는 국세다. 즉 과세기준일(매년 6월 1일) 현재 국내에 소재한 재산세 과세 대상인 주택 및 토지를 유형별로 구분해 인별로 합산한 결과, 그 공시가격 합계액이 각 유형별 공제금

종부세 대상	
주택	· 인별로 소유한 전국 주택의 공시가격 합계액이 6억 원을 초과하는 자(1세대 1주택자는 9억 원을 초과하는 자)
종합합산대상 토지	· 인별로 소유한 전국 종합합산대상 토지의 공시가격 합계액이 5억 원을 초과하는 자
별도합산대상 토지	· 인별로 소유한 전국 별도합산대상 토지의 공시가격 합계액이 80억 원을 초과하는 자

자료: 국세청

액을 초과할 경우 그 초과분에 대해 과세된다.

이는 1차로 부동산 소재지 관할 시·군·구에서 관내 부동산을 과세 유형별로 구분해 재산세를 부과하고, 2차로 각 유형별 공제액을 초과하는 부분에 대해 주소지(법인은 본점 소재지) 관할세무서에서 종부세를 부과한다. 종부세 납세의무자는 국세청에서 부과 고지된 종부세를 매년 12월 1일부터 12월 15일까지 납부해야 한다. 종부세로 납부해야 할 세액이 250만 원을 초과하는 경우에는 그 세액의 일부를 납부 기한이 경과한 날부터 6개월 이내에 분납할 수 있다. 납부해야 할 세액이 250만 원 초과~500만 원 이하일 경우 분납할 수 있는 세액은 250만 원 초과금액이며, 납부해야 할 세액이 500만 원을 초과하는 경우에는 납부할 세액의 1/2 이하 금액을 분납할 수 있다. 한편 종부세가 과세되는 경우에는 종부세로 납부할 세액의 20%인 농어촌특별세도 함께 납부해야 한다.

2020년 발표된 7·10 대책에 따라 다주택자 대상 종부세 중과세율이 인상되었다. 이에 따르면 개인의 경우 '3주택 이상 및 조정대상지역 2주택'에 대해 과세표준 구간별로 1.2~6.0%의 세율을 적용하고, 법인은 다주택 보유 법인에 대해 최고 중과세율인 6%를 적용한다. 특히 부자과세라 불렸던 종부세는 부동산 가격 상승으로 인해 1주택자에게도 큰 부담이 되고 있다.

2018년 서울에 비정상적인 부동산 가격 상승이 큰 사회 문제가 되자, 정부는 9·13 대책을 발표해 종부세 과세기준에 3억 원에서

6억 원 구간을 신설하고 3주택 이상 보유자와 조정대상지역 2주택 이상 보유자의 세금을 더 부과하기로 결정했다. 9·13 대책으로 인해 종부세 대상자가 된 사람들의 수는 종전 2만 6천 명에서 27만 4천 명으로 늘어났다고 한다. 그러나 2019년부터 강남 아파트를 중심으로 집값이 다시 고공행진을 벌이고 여론의 압박이 거세지자 문재인 정부는 12·16 대책을 발표했다. 이 중 종부세 관련 내용으로는 1주택자와 조정대상지역 외 2주택자의 세율이 1.0%에서 1.2%로 인상되고, 다주택자와 조정대상지역 2주택자는 1.3%에서 1.6%로 인상되었다.

종부세 부과는 많은 사람이 헷갈려하는 어려운 부분이다. 만일 계산이 복잡하다면 세무사 등 상담을 통해 확실하게 알고 가는 편이 낫다. 이는 다주택자 및 고가주택 보유자에 대한 과세인 만큼 자세한 내용은 일단 생략하겠다.

세 번째, 양도세

마지막으로 가지고 있는 내 집을 팔 때, 그러니까 양도할 때 내는 세금이 바로 양도세다. 양도세는 말 그대로 보유한 재산의 소유권을 타인에게 넘길 때 발생한 양도차익에 대해 부과되는 세금이다.

부동산을 양도한 경우에는 양도일이 속하는 달의 말일부터 2개월 이내에 주소지 관할세무서에 예정신고를 하고 양도세를 납부해야 한다. 미신고 시 가산세가 부과된다. 부동산을 사고팔 때 붙는 양도세의 경우 양도가액(팔아넘긴 가격)과 취득가액(샀던 가격)은 원칙적으로 토지와 개별 주택의 경우 국토교통부의 개별공시지가 및 개별 주택가격을 적용한다. 일반 건물 및 공동주택은 국세청의 기준 시가를 적용해 계산한다. 과세기준표는 아래 도표를 참고하자.

양도세에서 확인해야 할 부분은 비과세 부분이다. 양도세에 대해 비과세 또는 감세를 해주는 특례가 많은 만큼 이를 잘 확인해야 한다. 대표적으로 1가구 1주택 비과세가 있다. 한 세대원으로 거주하

양도세 과세기준표

과세표준	세율	누진공제
1,200만 원 이하	6%	-
1,200만 원 초과~4,600만 원 이하	15%	108만 원
4,600만 원 초과~8,800만 원 이하	24%	522만 원
8,800만 원 초과~1억 5천만 원 이하	35%	1,490만 원
1억 5천만 원 초과~3억 원 이하	38%	1,940만 원
3억 원 초과~5억 원 이하	40%	2,540만 원
5억 원 초과~ 10억 원 이하	42%	3,540만 원
10억 원 초과	45%	6,540만 원

자료: 국세청

는 부부(미혼 자녀 포함)가 1주택을 2년 이상 보유해 양도할 경우 비과세 혜택을 부여하는 것이다. 이에 대한 예외 사항도 존재하는데 2년 이상 된 1주택이라도 양도금액이 9억 원 이하일 경우에만 비과세를 받는다. 양도가격이 9억 원 초과 시 9억 원을 초과한 금액에 대해서는 양도세가 부과된다. 또 1가구 1주택이더라도 조정대상지역 내 주택은 2년 보유 및 2년 거주를 해야만 비과세가 된다. 조정대상지역이 아니라면 2년 보유만 하면 혜택을 받는다. 또한 조정대상지역 내 분양권을 취득한 경우 분양권 역시 양도 시 주택 수에 포함되는 것으로 법이 개정되었다.

일시적 1가구 2주택에 대한 비과세 규정도 있다. 국내에 1주택을 소유한 1가구가 그 주택(종전의 주택)을 양도하기 전에 다른 주택(신규 주택)을 취득하면서 일시적으로 2주택자가 된 경우에 특정 조건에 부합하면 비과세를 받는다. 일시적 1가구 2주택 요건은 다음과 같다. 우선 신규 주택은 종전 주택을 취득한 날로부터 1년 이상 기간이 지난 후 매수해야 하며, 신규 주택을 취득한 날로부터 일정 기간(1년 또는 3년, 법 개정으로 일정 기간에 대한 조건이 다름) 이내에 종전 주택을 양도하는 경우 1가구 1주택으로 간주해 양도세 비과세를 적용한다. 바로바로 거래되지 않는 부동산의 특성을 감안해 다른 주택으로 안정적으로 거주지를 바꿀 수 있게 배려한 셈이다.

대표적인 양도세 감면 혜택인 장기보유특별공제 역시 이번에 개정되었다. 원래 보유 기간만으로 감면 혜택을 주던 해당 제도는 개편을 통해 보유 기간과 거주 기간을 분리해 세제 혜택을 제공하는 식으로 변경되었다. 실거주 요건을 추가해 최대한 투기 수요를 실거주 수요로 유도하겠다는 정책적 의지가 반영된 것이다. 부동산 보유를 10년 한 것만으로도 80%까지 감면해주던 양도세 혜택이 법 개정으로 보유 10년, 거주 10년을 해야 장기보유특별공제 혜택을 받을 수 있게 된 것이다.

장기보유특별공제 공제율		
보유 기간	1주택자	다주택자
3년 이상~4년 미만	24%	6%
4년 이상~5년 미만	32%	8%
5년 이상~6년 미만	40%	10%
6년 이상~7년 미만	48%	12%
7년 이상~8년 미만	56%	14%
8년 이상~9년 미만	64%	16%
9년 이상~10년 미만	72%	18%
10년 이상~11년 미만		20%
11년 이상~12년 미만		22%
12년 이상~13년 미만	80%	24%
13년 이상~14년 미만		26%
14년 이상~15년 미만		28%
15년 이상		30%

자료: 국세청

그 외에 상속받은 주택으로 2주택이 되었거나, 동거봉양 합가로 2주택이 된 경우, 기타 부득이한 사유로 수도권 밖에 소재하는 주택을 취득해 2주택이 된 경우 양도세를 면제받을 수 있다. 자세한 내용과 조건은 최신 법 규정을 확인하기 바란다.

참고로 2020년 7·10 대책에 따라 2021년 6월 이후 1년 미만 보유 주택에 대한 양도세율이 현행 40%에서 70%로 인상되었다. 1년 이상~2년 미만 보유 주택의 양도세율은 현행 기본세율(과세표준 구간별 6~42%)에서 60%로 인상되었다.

LTV? DTI? DSR?
알쏭달쏭 대출 원칙

#주택담보인정비율 #총부채상환비율 #총부채원리금상환비율

요즘 시대에 대출 없이 현금으로 집을 산다는 것은 경제적으로 손해를 보는 장사다. 금리가 낮은 시기에는 값싼 이자로 최대한 대출을 받아 주택을 구입하고 여윳돈으로 더 나은 투자 수익을 얻는 것이 현명하기 때문이다. 문제는 부동산 가격 상승으로 인해 주택 관련 대출 규제가 내 집 마련의 큰 걸림돌로 작용하고 있다는 것이다. 부동산 대출에 대해 이해하기 위해서는 우선 관련 용어부터 숙지해야 한다.

주택담보인정비율
LTV(Loan to Value Ratio)

LTV는 주택을 담보로 대출을 받을 때 주택의 가치 대비 최대 얼마까지 대출을 받을 수 있는지를 알려주는 비율 지표다. 예를 들어 10억 원짜리 아파트에 LTV가 40%라면 최대 4억 원까지 대출을 받을 수 있다는 뜻이다.

$$LTV = \frac{은행의\ 대출금액}{담보\ 물건의\ 실제\ 가치} \times 100$$

2021년 기준으로 서울 전 지역의 LTV는 40%로 규제되고 있다. 일반적으로 이러한 LTV는 아파트 호가가 아닌 시세를 기준으로 책정된다. 여기서 시세는 국세청 기준 시가, KB국민은행 부동산 시세, 한국부동산원 시세, 감정평가 법인에 의뢰한 감정가격 중 한 가지를 사용하도록 규정하고 있다. 통상적으로는 KB국민은행 부동산 시세가 쓰인다.

LTV 규제는 가장 보편적이고 기본적인 대출 한도 규제다. 과거 LTV가 70%였을 당시엔 아파트 가격의 30% 정도만 있어도 충분히 대출을 통해 집을 살 수 있었다. 하지만 현재 서울은 LTV 40% 규제로 아파트 가격의 60%는 있어야 집을 살 수 있는 상황이다. 서울 아파트 평균가격이 10억 원까지 오른 상황에서 그만큼의 돈을 마련하기란 사실상 쉬운 일이 아니다. 그래서 LTV를 완화해달라는 수요자들의 목소리가 커져가고 있다. 다만 대출 규제를 풀어버리면 집을 사려는 사람들이 다시 늘어나고, 투기 수요를 야기해 집값을 더 끌어올릴 것이라는 우려로 인해 정부로서도 여전히 결단이 쉽지 않은 부분이다. LTV 산정 시에는 선순위채권, 임차보증금 및 변제소액임차보증금 등을 먼저 공제한다.

총부채상환비율
DTI(Debt To Income Ratio)

DTI는 연간 소득 대비 상환해야 하는 주택담보대출의 원금과 기타 대출금의 이자가 차지하는 비중을 뜻한다.

DTI = (원리금 상환액 + 기타 대출 이자 상환액) / 연간 소득

LTV가 주택의 담보력에 기반해 돈을 빌려주는 개념이라면 DTI는 개인의 소득에 따른 대출 비율을 결정하는 요건인 셈이다. DTI는 대출자의 상환능력에 따라 대출 한도를 정하는 계산 비율로, 대출 상환액이 소득의 일정 비율을 넘지 않도록 제한한다.

예를 들어 연간 소득이 5천만 원이고 DTI가 40%라면 연간 2천

만 원의 한도 내에서 주택담보대출 연간 원리금과 기타 대출의 연이자를 감당할 수 있어야 하는 식이다.

　대출은 결국 돈을 갚아나가는 능력이 가장 중요한 만큼 금융기관 입장에선 LTV보단 DTI를 더욱 신중하게 따지곤 한다. 일종의 개인신용평가 시스템과 유사한 개념이다. 최근엔 DTI보다 대출 규제 요건이 더 깐깐한 DSR이 중요하게 쓰이면서, 상대적으로 DTI가 덜 중요하게 여겨지고 있지만, DTI는 여전히 가장 기본적인 개인 대출 규제 지표다.

총부채원리금상환비율
DSR(Debt Service Ratio)

　DSR은 대출을 받으려는 사람의 소득 대비 전체 금융부채의 원리금 상환액 비율을 뜻하는 지표다. 연간 총부채 원리금 상환액을 연간 소득으로 나눠 산출한다.

$$DSR=(원리금 상환액+기타 대출 원리금 상환액)/연간 소득$$

　쉽게 말해 주택담보대출 원리금 외에 모든 신용대출 원리금을 포함한 총대출 상환액이 연간 소득액에서 차지하는 비중이다. 대출 상환능력을 심사하기 위해 금융위원회가 2016년 마련한 대출 심사 지표로, 주택담보대출 외에 금융권에서의 대출 정보를 합산해 계산한다.

DTI는 소득 대비 주택담보대출 원리금에 신용대출 등 다른 대출의 이자를 더한 금융부채로 대출 한도를 계산하는 반면, DSR은 대출의 원리금뿐만 아니라 신용대출, 자동차 할부, 학자금 대출, 카드론 등 모든 대출의 원금과 이자를 더한 원리금 상환액으로 대출 상환능력을 심사하기에 더 엄격하다. DSR을 도입하면 연소득은 그대로인 상태에서 금융부채가 커지기 때문에 대출 한도가 대폭 축소된다. 이 DSR은 DTI 규제가 없는 수도권 외의 지역에도 적용된다. 현재로서는 가장 강력한 대출 규제 지표이기도 하다. 아마도 지금처럼 집값이 뜨겁게 달아오른 부동산 활황기에는 DSR이 계속 적용될 것으로 보인다.

본래 투기지역, 투기과열지역 9억 원 초과 주택에 40%로 적용되던 DSR은 2021년 7월부터 전체 규제 지역 6억 원 초과 주택으로 확대되었다. 즉 서울 시내 대부분의 아파트가 DSR 40%를 적용받는다는 뜻이다. 또한 점진적으로는 총대출액 규제 방향으로 추진될 계획이다. 규제의 방향에 따라 범위, 비율 등이 달라지는 만큼 꼼꼼한 점검이 필요한 부분이다.

	DSR 40% 적용 대상 확대 계획			
	현행 적용 대상	2021년 7월	2022년 7월	2023년 7월
주택 담보 대출	투기지역, 투기과열지역 9억 원 초과 주택	전 규제 지역 **6억 원** 초과 주택	총 대출액 **2억 원 초과**	총 대출액 **1억 원 초과**
신용 대출	연소득 8천만 원 초과 + 대출액 1억 원 초과	1억 원 초과		

자료: 금융위원회

4장

추 기자의
내 집 마련 분투기

"시도해보지 않고는 누구도 자신이
얼마만큼 해낼 수 있는지 알지 못한다."
_푸블릴리우스 시루스(Publilius Syrus)

입지의
5대 요소

#직주근접 #교통 #생활편의 #자연환경 #교육환경

내 집 마련의 첫발은 나와 가족이 추구하는 주거 공간의 가치관을 판단하는 것이다. 사는(Live) 공간이자 사는(Buy) 것이기도 한 주거 공간은 삶의 안식처이자 투자 수단이라는 이중적 가치를 가지고 있다. 물론 집값이 오르든 말든 안락한 집으로의 가치만 추구할 수도 있고, 쾌적함보단 시세차익을 얻을 수 있는 투자재로서의 가치만을 좇을 수도 있다. 두 마리 토끼를 다 잡을지 혹은 양자택일의 문제가 될지는 전적으로 본인이 결정할 부분이다. 어쨌든 투자재로서의 가치도 중요하지만 내 집 마련의 일차적 목표는 안정적인 주거 공간의 확보다. 따라서 일반적으로 평가 기준으로 삼아야 할 요소는 다음과 같다.

1. 직주근접
2. 교통
3. 생활 편의
4. 자연환경
5. 교육환경

내 집 마련을 위해 검토해야 할 5대 요소는 모델하우스나 분양 광고에서 손쉽게 접할 수 있다. 여기에 투자가치까지 감안한다면 여섯 번째로 미래가치도 추가해야 할 것이다. 교통 개발, 지역 개발 등 다양한 호재는 미래가치를 올리는 대표적인 요인이다.

5대 요소를 검토하기에 앞서 먼저 예산과 주거 공간의 가치관부터 분명히 해야 한다. 예산이 동일하다면 중심지로 갈수록, 선호하는 주거 지역으로 갈수록 당연히 집의 노후화는 불가피하다. 외곽지로 갈수록, 비선호 주거 지역으로 갈수록 보다 신축일 것이고 좀 더 좋은 컨디션의 주거 환경을 확보할 수 있게 된다. 따라서 '나는 새집이 아니면 절대 살 수 없다.'라는 확고한 신념이 있다면 신축 아파트나 신축 빌라를 우선적으로 고려할 수밖에 없다. 반대의 경우라면 상대적으로 좋은 입지를 선택할 수 있을 것이다.

입지 분석의
5대 요소

이제 각각의 5대 요소를 평가해볼 차례다. 경우에 따라 누군가는 직주근접을 우선시할 수도 있고, 누군가는 자연환경을 우선시할 수도 있다. 이 부분은 취향에 따라 천차만별이어서 스스로 곰곰이 고민해본 다음 기준을 세울 필요가 있다.

먼저 첫 번째, 직주근접은 말 그대로 직장과 주거지가 얼마나 가까운지 살펴보는 것이다. 맞벌이가 일반적이다 보니 부부의 직장 중 어느 한쪽과 가까운 곳을 선택하거나, 두 직장 간의 거리를 절충해서 택하는 것이 일반적이다. 이 부분은 특히 개개인 및 가정별 특성이 가장 뚜렷하게 반영되는 부분이다. 현실적으로 직주근접을 포기하는 대신 예산 부담을 줄이고 더 쾌적한 집을 택할 수도 있기 때문에 어쩌면 가장 먼저 포기해야 할지도 모르는 요소이기도 하다. 반대로 직주근접이 가장 중요한 사람이라면 완전히 반대의 선택을 하기도 한다. 직주근접 요소는 내재적 가치라기보다는 직장과 집이 가까워 얻을 수 있는 심리적 안정감 또는 효율적 측면에서 중요한 요소라고 볼 수 있다.

두 번째, 교통은 직주근접과 비슷하면서도 조금은 결이 다른 이야기다. 사실 집이라는 곳이 안락하고 포근한 공간으로서의 기능만 좋다고 해서 충분한 것은 아니다. 365일 늘상 집에만 있을 순

없는 노릇이기 때문이다. 주말이면 한강이나 주요 도심으로 나들이도 나가야 하고, 문화 공연을 즐기거나 쇼핑을 위해 아울렛과 백화점에도 갈 수 있다. 이처럼 야외 활동의 빈도가 상대적으로 높은 가정이라면 교통의 편의성을 가장 중요하게 생각할 수 있다. 실제 분양 광고나 모델하우스에서 가장 홍보에 열을 올리는 부분도 다름 아닌 교통의 편의성이다. 교통의 편의성은 실제 삶을 윤택하게 할 뿐만 아니라 집값을 결정 짓고 상승시키는 결정적인 요인이기도 하다. 즉 교통이 좋다는 건 그만큼 어딜 가기에도 좋다는 뜻이고, 이는 곧 집값에 프리미엄을 준다는 뜻이다. 따라서 투자가치를 중시한다면 교통의 편의성을 가장 우선순위에 두고 고려하게 될 것이다.

교통의 편의성을 세분화하면 대중교통 편의성과 차량 이용 편의성으로 나뉜다. 대체적으로 대중교통 편의성이 좋은 곳이 차량 이용 편의성도 좋지만 반드시 일치하는 것은 아니다. 대중교통 편의성은 집에서 지하철역이 얼마나 가까운지, 몇 개의 지하철역이 주변에 있는지, 가까이 이용할 수 있는 버스 정류장이 있는지, 또는 광역버스 환승정류장이 있는지 등을 체크하면 된다. 지하철역의 경우 도보 5분 안팎이면 금상첨화지만 도보 10~15분 안팎까지는 역세권으로 치는 만큼 꼼꼼히 따져봐야 한다. 차량 이용 편의성의 경우 강변북로, 올림픽대로 등 한강변 차량전용도로 등과 얼마나 가까운지, 경부고속도로 등 광역교통망과의 접근성을 꼼꼼하게 따져보면 된다. 특히 차량 이용 편의성에서 놓쳐선 안 되는 부분이 있는데 바로 출퇴근 시간 또는 주말의 차량 정체 여부다. 간혹 덜 바쁜 시간대나 교통량이 적은 시간대의 유동 교통량만 확인했다가 실제 집을 구하거나 계약한 뒤 예상치 못한 교통 체증으로 고생하는 경우가 있다. 따라서 시간대별로 차량 흐름을 꼼꼼히 확인하는 것이 중요하다.

세 번째로 살펴봐야 할 부분은 생활 편의성이다. 생활 편의와 관련된 시설은 백화점, 쇼핑몰, 마트, 병원, 헬스장 등이다. 이 역시 개인의 성향에 따라, 여가 생활을 영위하는 방식에 따라 다양한 가치관이 적용될 수 있는 요소다. 최근에는 스타필드와 같이 한곳에서 밥도 먹고, 쇼핑도 하고, 레저 활동도 즐기는 복합쇼핑몰이 인기를 끌면서 이러한 시설이 있느냐, 없느냐가 집값을 좌지우지하기도 한다. 당연히 집 근처에 대형마트나 백화점 등 생활 편의시설이 있다면 집값에도 긍정적인 영향을 미친다. 물론 최근에는 온라인 쇼핑, 새벽 배송을 포함한 배달 문화가 빠르게 확산되면서 생활 편의시설에 대한 필요성이 줄어들기는 했다. 하지만 병원, 헬스장 등 직접 가야지만 해소할 수 있는 생활 편의시설의 유무는 여전히 강력한 평가요소이기에 평가가 갈릴 수 있다.

네 번째는 자연환경이다. 고속성장 시대였던 과거에 집은 잠을 자는 곳이자 생존을 위한 보금자리 정도였던 반면, 최근에는 자아를 실현하고 재충전을 위한 안식처로서의 의미가 더 커지고 있다.

팍팍한 도시 생활을 견디고 나이가 들면 녹음이 푸르른 시골 고향으로 내려가 노년을 보내는 게 당연했던 과거와 달리 이제는 나이를 불문하고 도심을 벗어나는 경우가 드물어졌다. 따라서 최근에는 자연환경적 요소가 집의 가치를 평가하는 핵심 요인으로 자리매김한 상태다. 최근 분양 현장에서도 기존에 전통적으로 중시했던 교통, 생활 편의성 못지않게 자연환경적 요인을 장점으로 내세우는 경우가 늘고 있다. 아파트 내부 조경이 얼마나 괜찮은지, 산책로가 잘 조성되어 있는지, 가까운 곳에 근린공원이나 녹지가 있는지 등이 집의 가치를 판단하는 핵심 요소가 된 것이다. 특히 서울을 관통하는 한강변이나 수변은 대표적인 자연환경 요소로 평가받고 있다. 실제로 잘 조성된 한강공원이나 수변공원은 집값을 높이는 좋은 평가요소 중 하나다.

마지막으로 자녀가 있는 집이라면 절대 놓칠 수 없는 부분이 바로 교육환경이다. 물론 자녀가 없거나 앞으로도 계획이 없다면 우선순위에서 밀려날 수 있겠지만, 그렇지 않다면 가장 신경 쓸 수밖에 없는 요소가 될 것이다. 집에서 학교까지 큰 대로변이나 유해시설은 없는지, 주변에 초·중·고가 가까이 위치해 있는지, 해당 학교의 학군이나 수준은 괜찮은지 등 여러 평가요소로 세분화될 수 있는 것이 바로 교육 부문이다. 초등학교를 품은 아파트라는 신조어인 '초품아'가 집값을 판가름하는 핵심 키워드라는 말이 있듯이 얼마나 우수한 학군과 시설을 갖추고 있는지가 결정적인 평가요소로 여겨지고 있다. 특히 학령기 자녀를 둔 가정에서 가장 중시하는 부분인 만큼 설사 자녀 계획이 없다고 해도 투자가치 측면에서 진지하게 고려해야 할 사안이기도 하다.

이러한 5대 요소는 내 집의 위치를 결정할 때 최우선적으로 고려해야 할 사안이다. 막연히 예산에 맞는 집을 찾지 말고 5대 요소의 우선순위에 따라 입지를 분석할 필요가 있다. 집을 사야겠다는 결심이 섰다면 일단 책상 앞에 앉아 앞서 말한 다섯 가지 요소를 차분히 적어본 뒤, 자신과 가족의 가치관에 따라 우선순위를 정해보자.

5대 요소의
우선순위 정하기

필자를 기준으로 예를 들어보겠다. 필자의 경우 출퇴근길에 많은 시간을 허비하는 것이 아까워 직주근접을 가장 우선시했다. 직장과의 거리도 중요하지만 기자라는 직업적 특성상 3대 도심인 강남, 여의도, 광화문를 제집 드나들 듯이 다녀야 하다 보니 어느 특정 지역을 선택하기가 쉽지 않았다. 사실 전세로 신혼살이를 시작한 용산구가 직주근접 부분에서는 가장 메리트가 있었다. 하지만 내 집 마련을 꿈꾸기에 용산의 벽은 무척 높았고, 어디든 다녀야 하는 직업적 특성은 반대로 어디로 가든 큰 상관이 없다는 뜻이기도 했다. 그래서 여의도로 출퇴근하는 아내의 상황을 감안해 여의도의 서남부와 북부로 선택지를 좁혔다.

여의도 서남부엔 대표적 학군지인 목동이 자리 잡고 있고 그 주변으로 당산, 양평 등이 위치해 있다. 9호선 이용이 편리한 선유도역, 염창역 등도 후보지였다. 여의도에서 한강을 건너 올라오면 마포·공덕역, 광흥창역 등 마포구의 아파트 단지들이 자리 잡은 지역이 있었다. 목동 일대와 마포·공덕역 일대는 누구나 선호하는 아파트 밀집 지역이므로 당연히 상대적으로 매매가격이 높아 진입이 쉽지 않았다. 결국 영등포구 양평동, 영등포구청역, 마포구 광흥창역, 서대문구 가좌역 일대 등이 후보군으로 좁혀졌다. 해당 지역에서 9억 원 아래이면서 30평대 집을 찾는 것이 첫 번째 목표였다.

그다음으로 우리 부부는 생활 편의와 자연환경을 중요한 우선순위로 꼽았다. 아직 학령기 자녀가 없다 보니 교육은 당장 우선순위를 높게 둘 필요는 없다는 생각으로 교육환경은 마지막 고려 요소가 되었다. 우리 부부의 5대 요소 우선순위는 다음과 같았다.

직주근접 > 교통 > 자연환경 = 생활 편의 > 교육환경

입지의 5대 요소는 실거주 만족도를 중심으로 평가한 요소이기에 내 집 마련뿐만 아니라 전·월세에도 충분히 적용할 수 있는 기

준이다. 이처럼 내가 살 집이 목표라면 투자적 요소도 중요하지만 실거주 만족도가 더 중요한 가치라고 생각한다. 물론 일석이조의 욕심이 있다면 투자가치, 즉 미래가치에 대한 부분도 당연히 검토해야 한다.

미래가치로 최근 가장 높이 평가받는 요소는 교통 개발 호재다. 서울 및 수도권의 경우 교통 개발 호재는 기본적으로 지하철을 비롯한 철도망에 기반한다. 서울 시내 1~9호선 지하철을 중심으로 최근 서부선, 난곡선, 우이신설선 등 경전철 개발이 차근차근 진행되고 있다. 또한 서울 중심부와 경기도를 하나의 생활권으로 통합하기 위한 수도권 광역급행철도(GTX) 사업 역시 집값을 들썩이게 하는 주요한 교통 개발 호재다. 특히 교통 개발 호재는 계단식 집값 상승을 이끌어낸다는 측면에서 투자적인 가치가 크다. 통상적으로 개발 소식이 나올 때, 실제 사업이 확정될 때, 착공이 시작될 때, 완공될 때, 실제 운행될 때 한 번씩 각 개발 단계별로 계단식 집값 상승이 이뤄진다. 다만 교통 호재 역시 사업이 중단되거나 변경될 경우 리스크가 크기 때문에 섣불리 소문에만 의존해 투자를 결정해서는 안 된다.

교통 호재 못지않게 지역 개발 호재 역시 큰 위력을 갖고 있다. 지역 개발 호재는 관공서 이전, 도시계획 수립, 정비사업 확정, 편의시설 유치 등 그 종류와 내용이 다양하다. 여의도 일대를 개발하는 여의도 통합개발 논의나 광운대역 주변 역세권 개발처럼 규모가 클수록 더욱 큰 호재로 작용하게 된다. 이 역시 개발 자체가 엎어지거나 진행이 더딘 경우가 많다 보니 리스크는 큰 편이다.

5대 요소 외에도 재건축·재개발 등 투자 전략과 요인을 보다 세분화할 수 있지만 내 집 마련을 목표로 한 초보 투자자라면 이번 장에서 언급한 평가요소를 고려해보는 것만으로도 충분하다고 본다.

사전 준비가
반이다

#네이버 부동산 #호갱노노 #실거래가 #호가 #입주년차

　자신의 주거 가치관에 대한 파악이 끝났다면 이제 내 집 마련 후보지를 추려볼 시간이다. 현재 가치와 미래가치를 결정 짓는 요인의 평가요소를 본인의 기준으로 줄 세운다면 보다 수월하게 후보군을 좁힐 수 있을 것이다. 이들 우선순위와 예산을 바탕으로 한번 집을 검색해보자. 관련 부동산 사이트, 애플리케이션을 활용하면 큰 도움이 될 것이다. 가장 일반적이면서 사용자가 많은 네이버 부동산(land.naver.com)과 호갱노노(hogangnono.com) 정도만 살펴봐도 필요한 기본 정보는 충분히 얻을 수 있다.

내 집 마련
후보군 추리기

네이버 부동산은 국내 1위 포털사이트 네이버에서 제공하는 부동산 서비스다. 아파트, 빌라, 주택 등 주택 형태와 가격대, 지역별 분류가 가능하며 익숙한 인터페이스를 이용할 수 있어 적응이 쉽다는 장점이 있다. 3.3m²당 가격, 면적별 가격, 가구수, 실거래가, 호가 등 다양한 요소를 꼼꼼하게 파악할 수 있을 뿐만 아니라 앞서 언급한 교통 호재, 주변 편의시설, 교육시설, 자연환경 등을 전반적으로 분류해 검색할 수 있다는 장점이 있다. 직접 가보지 않아도 거리뷰, 항공뷰, 지적편집도 등을 통해 입체적으로 살펴볼 수 있다. 이뿐만 아니라 아파트 실내 구조, 면적별 동호수 배치, 관리비 등 상세한 요소까지 확인할 수 있다.

이와 함께 최근 많은 사랑을 받고 있는 호갱노노 서비스도 이용할 만하다. 모바일 이용자를 위해 애플리케이션을 제공하고 있고, 각 단지별 커뮤니티 게시판이 운영되고 있어 거주자들의 생생한 평가를 들어볼 수 있다. 가구수, 입주년차, 용적률, 전세가율 등 다양한 분류로 가독성을 높여 원하는 조건을 이용한 맞춤형 검색이 가능하다.

지역과 단지 후보를 추렸다면 이제 마지막으로 실거래가와 호가를 꼼꼼하게 점검하자. 실거래가는 말 그대로 해당 아파트 등 주택

▶ 네이버 부동산(왼쪽)과 호갱노노(오른쪽) 서비스 화면

이 실제 거래된 가격을 뜻하고, 호가란 현재 시장에 형성된 가격을 뜻한다. 실거래가를 확인하는 방법도 다양한데 가장 정확한 것은 국토교통부 실거래가 공개시스템(rt.molit.go.kr) 또는 서울시 부동산 정보광장(land.seoul.go.kr)에서 확인하는 것이다. 공공기관을 통한 확인 외에도 앞서 언급한 네이버 부동산, 호갱노노 등을 통해 거의 실시간으로 실거래가와 호가를 확인할 수 있다. 또 아실(asil.kr)을 통해 실거래가 데이터는 물론 해당 아파트가 몇 동인지까지도 확인할 수 있어 보다 상세한 정보를 파악할 수 있다. 최근 허위 거래 매물 또는 거래 취소 매물이 많은 만큼 지역 후보를 좁혔다면 여러

서비스를 통해 꼼꼼하게 확인해보는 것도 나쁘지 않다.

필자는 호갱노노의 다양한 검색 조건을 활용해 최종 임장 후보를 좁히려 애썼다. 첫 번째 고려 요인은 30평대였다. 첫 신혼집이 구축 20평대 복도식이었던 점과 향후 태어날 2세 등을 감안해 30평대의 집을 찾았다. 평수와 더불어 중요하게 생각한 부분은 전체 가구수였다. 물건을 검색할 때 500가구 이상인 단지만 검색되도록 조건을 걸었다. 따로 정해진 기준은 없지만 보통 1천 가구 이상을 대단지로 분류하는데, 500가구 이상의 경우 대단지는 아니어도 어느 정도 규모 있는 단지로 분류된다. 300가구 이하의 소규모 단지보다는 경쟁력이 있다고 생각해 500가구 이상의 물건을 찾았다. 물론 당장 집을 사는 것만 바라본다면 한 푼이라도 싼 소규모 단지가 매력적으로 보일 수 있지만 중장기적으로 시세 형성과 향후 거래를 위해서라도 어느 정도 규모가 있는 단지를 택하는 편이 안전하다고 봤다.

그다음으로 검토한 것은 입주년차다. 입주년차는 아파트의 나이와 관련 있다. 재미있게도 아파트는 아예 새것이거나 아예 낡은 것이 인기가 많다. 특히 최근엔 신축 아파트에 대한 선호가 매우 높다. 4세대 공법이 적용된 신축 아파트의 쾌적한 주거 환경이 삶의 질과 워라밸을 중시하는 트렌드와 일치하기 때문이다. 인기 주거지를 이끌고 있는 소위 '대장주' 아파트가 대부분 대단지 신축 아파트라는 점을 생각해보면 앞으로도 신축의 인기는 쉽게 꺼지지 않을 것으로 보인다.

새것과 대척점에 있는 '아예 낡은 것'은 통상 재건축 아파트라고 불리는 구축 아파트를 통칭한다. 대개 입주년차 30년 이상을 재건축 아파트라고 부른다. 특히 구축 아파트 중 용적률이 낮아 재건축 사업성이 좋은 물건은 그 인기가 신축 아파트 못지않다. 신축 아파트가 현재 가치에 초점이 맞춰져 있다면 재건축 아파트는 향후 신축 아파트가 될 수 있다는 미래가치에 초점이 맞춰져 있다. 당장은 낡고 허름한 옛날 아파트지만 재건축이 진행된다면 새로운 아파트로 완전히 재탄생하기 때문이다. 그러나 재건축 진행이 도깨비 방망이처럼 뚝딱뚝딱 되는 것이 아니다 보니 어느 정도의 리스크는 감안해야 한다.

필자는 신축과 재건축 사이, 15~25년 된 애매한 연식에서 기회를 찾았다. 신축도 아니고 그렇다고 구축도 아닌 아파트들은 거래 시장에서 가장 인기가 없는 아파트이기도 하다. 소위 '신축빨'이라 불리는 편리하고 쾌적한 단지 생활을 누릴 수도 없고, 미래가치로 평가받는 재건축 기대감과도 꽤나 거리가 있기 때문이다. 최소 십수 년 이상의 노후화가 불가피해 시장에서 가장 인기 없는 '못난이 아파트'가 될 확률이 높다. 하지만 이러한 틈새시장이 내 집 마련을 꿈꾸는 무주택자에게는 의외로 큰 기회가 될 수 있다.

아파트 가격을 그래프로 그려보자. x축이 입주년차, y축이 가격이라면 일반적으로 해당 그래프는 아래로 볼록한 이차방정식 형태를 보일 확률이 가장 높다. 신축 아파트와 재건축을 앞둔 노후 아파트가 가장 시장가격이 높을 것이고 그사이 중간쯤 연식이 애매한 아파트는 상대적으로 낮은 가격을 형성할 것이다. 반대로 해석하면 신축 아파트와 재건축 아파트의 가격이 부담스럽다면 애매한 연식의 15~25년차 아파트를 찾아 기회를 노리는 것도 하나의 방법이란 뜻이다.

필자는 실제로 입주년차 분류를 15~25년 사이로 설정해 후보군을 좁혔다. 투자 기회를 엿보기 위해서라면 낮은 용적률의 재건축 아파트에 도전하는 게 바람직하지만 실거주 목적이다 보니 너무 오래되고 낡은 아파트에서는 살 자신이 없었다. 물론 실거주보다 투자 수익이 주목적이라면 오래된 구축 아파트에서 살며 소위 '몸테크'를 해보는 것도 좋다.

도보 15분도
역세권일까?

대부분 아파트 분양 광고에서 가장 전면에 내세우는 것은 대중교통과의 거리, 그중에서도 역세권 여부다. 역과 거리가 가깝다는 사실을 내세운 '초역세권'을 강조하는 것이 가장 일반적인데, 역세권이 중요한 이유는 당연히 이것이 집값과 직결되는 평가요소이기 때문이다. 자, 그렇다면 역세권의 허용 범위는 과연 어디까지일까? 통상 역세권이라고 하면 아주 너그럽게 따져도 도보 15분 정도까지를 통칭한다. 일반적으로 10분 안팎이면 지하철 도보역세권이라 표현하고, 걸어서 5분 이내의 가까운 거리라면 초역세권이란 표현을 자신 있게 쓸 수 있다.

하지만 아파트 분양 광고에서 내세우는 '역세권'이라는 표현은 반드시 다시 한번 검증할 필요가 있다. 광고·마케팅의 특성상 실제 걸어보는 것과 차이가 있을 수 있기 때문이다. 예를 들어 단지가 무척 크고 넓은데 교통편과 가장 가까운 단지를 기준으로 시간을 측정하거나, 아직 확정이 아닌 지하철 및 신규 교통편을 대상으로 시간을 계산하는 경우도 있기 때문이다. 분양 광고와 실제 설계 또는 결과물이 다를 가능성도 있어서 눈으로 직접 확인해보는 것이 매우 중요하다. 지도 애플리케이션을 활용해 도보 시간을 측정하거나, 조금 번거롭더라도 직접 두 발로 걸어서 시간을 재보는 것이 좋다. 어쨌든 수도권 대부분의 지역은 지하철 및 광역철도망이 거미줄처럼 얽혀 있고, 또 앞으로도 증설이 예정되어 있는 만큼 이러한 개발계획과 실제 운행 여부 등을 꼼꼼히 따져가며 교통 편의성을 점검해야 한다.

무엇보다 역세권 여부는 개개인의 판단에 맡길 수밖에 없다. 예를 들어 도보 15분 거리에 지하철이 있다고 해서 과연 역세권이라고 표현할 수 있을까? 누군가는 10분 안팎을 벗어나면 역세권이 아니라고 생각할 수도 있고, 또 누군가는 넉넉히 20분까지도 역세권으로 볼 수도 있다. 그래서 이 부분은 개인의 판단이 필요한 영역이다.

참고로 실거주 여부와 무관하게 전세가율도 점검할 필요가 있다. 실거주가 목적이라면 전세가나 전세가율은 큰 의미가 없을지 모른다. 하지만 집을 매입한 후 갑자기 계획이 바뀌어 전세를 줄 수도 있고, 유연한 투자 전략을 짜기 위해서라도 전세가율 지표는 꼭 확인할 것을 권한다. 통상 실거주 만족도가 높은 곳이라면 전세가율 역시 상대적으로 높다. 또 교통이 좋거나 직주근접이 뛰어난 지역의 아파트는 실거주 수요가 많아 전세가격이 높게 형성된다. 이 밖에도 주차 공간이 얼마나 있는지, 관리비는 얼마인지, 계절별 일조량이 어떻게 변하는지 등 세부적인 정보 역시 여러 부동산 사이트와 애플리케이션을 통해 쉽게 확인할 수 있다.

내가 만약
이 집에 산다면?

대학생 생활 내내 학교 앞 원룸 또는 하숙집에서 되는 대로 지낸 필자에게 집이란 그저 학교와 가깝고 실컷 놀다 들어와 잠깐 눈 붙이는 공간일 뿐이었다. 그래서 결혼 후 전세로 신혼집을 구하는 일이 너무나 생경하고 어려웠다. 집을 볼 때 무엇부터 봐야 하고, 점검해야 할 요소가 무엇인지조차 몰랐다. 심지어 구경을 갔다 와도 나중에 집 구조가 어떻게 생겼는지조차 기억이 안 나는 경우가 부지기수였다. 결국 첫 전셋집은 그냥 그 동네가 괜찮다는 주변의 말만 믿고 덜컥 계약했다.

살아보니 왜 다들 집을 구할 때 그렇게 발품을 팔고 노력하는지 여실히 깨달을 수 있었다. 정남향이라 좋아했던 거실 베란다는 왕복 4차선 도로와 맞닿아 있어 밤에는 시끄러워 창문을 열어놓고 잘 수 없었고, 지하주차장이 엘리베이터와 연결되어 있지 않아 무거운 짐을 운반할 때는 굉장히 고생해야 했다.

집을 구할 때 좋은 집과 나쁜 집을 구분하는 일이 어려운 이유는 개인의 성향에 따라 특정 요소에 대한 가중치가 다르기 때문이다. 그래서 누군가에게는 좋은 집이 누군가에게는 나쁜 집이 될 수 있고, 누군가에게는 나쁜 집이 누군가에게는 좋은 집이 될 수 있다. 즉 좋고 나쁨을 일반화하기가 어렵다. 집마다 갖고 있는 특성과 점검해야 할 요소가 다 다르기 때문에 마음에 드는 곳을 찾았다면 여러 번 방문해보는 것을 추천한다. 물론 당장 계약금을 넣지 않으면 매물을 빼앗길 수 있는 상승장에서는 불가능한 방법이다. 그렇기에 집을 사겠다고 마음을 먹었다면 좀 더 여유를 갖고 미리미리 투자 전략을 세우길 조언한다.

요즘 2030세대는 주말이나 업무가 끝난 평일에도 취미 삼아 임장을 다닌다고 한다. 여행을 다니듯이 임장을 다닌다니 참 좋은 방법인 것 같다. 부동산 투자를 일처럼, 과제처럼 받아들이면 무척 괴롭기 때문이다. 가깝게 지내는 한 지인 부부는 여러 후보군의 동네를 둘러본 뒤, 후보군을 2~3개 좁혀 주말마다 반복해서 그 동네에 가봤다고 한다. 그렇게 최종적으로 장소를 선별해 그다음에는 주말뿐만 아니라 주중에도 임장을 갔다. 실제 회사에서 일이 끝나고 해당 지역으로 퇴근하면서 차는 얼마나 막히는지, 동네에서 저녁을 먹으면서 식당은 얼마나 있는지, 동네 분위기는 어떤지 등을 파악해봤다고 한다. 마치 리포트를 쓰듯이 꼼꼼하게 확인한 게 아니라 저녁에 산책 가듯이 동네도 걷고, 카페도 드나들며 자연스럽게 체험한 것이다.

필자도 내 집 마련을 할 때 이러한 방법을 적용해봤다. 5개 후보지를 찾아가 동네를 둘러보며 최종 후보군을 좁혔다. 실거주자의 이야기와 현장에서 직접 체감한 내용에는 분명 온도 차가 있었다. 어떤 단지는 생각보다 더 좋았고, 어떤 지역은 실망스럽게 느껴질 정도였다. 그렇게 최종적으로 후보군을 두 곳으로 좁혀 주말마다 시간을 내 임장을 갔다. 매물이 나왔다고 하면 구조를 다시 한번 볼 요량으로 그 동네를 찾았다. 이른 아침의 공기와 해질녘의 공기는 또 달랐다. 오전에는 보이지 않던 취학령기의 아이들이 오후가 되자 쏟아지듯 나왔다. '아, 이 동네는 어린아이를 키우는 부부가 많이 사는구나.' 하는 것을 체감할 수 있었다.

이처럼 동네의 세세한 분위기나 특징은 여러 차례 방문하지 않으면 파악이 어렵다. 남의 말 100번보다는 본인이 직접 다녀보고 느껴봐야 알 수 있는 부분이 크다. 예컨대 '그 동네는 언덕이 심하다.' 하는 것 역시 굉장히 주관적인 의견이다. 어떤 언덕은 누군가에게 에베레스트를 등정하는 수준으로 힘들지 모르지만, 누군가에게는 운동 삼아 가기에 적당한 정도일지 모른다. 결국 본인이 직접 가봐야만 제대로 된 평가를 내릴 수 있는 셈이다.

임장의 1원칙,
발품을 팔아라

#남향 #채광 #수압 #누수 #결로 #곰팡이 #동파 #방음

지금까지 온라인을 통해 필요한 정보를 얻었다면 이제부터는 두 발로 직접 뛰어다니며 발품을 팔아야 할 시기다. 아파트 단지와 주변 등을 직접 돌아다니며 현장 정보를 취합하는 행위를 '임장'이라고 하는데, 임장을 통해 실거주에 적합한지 장점과 단점을 파악할 수 있다. 어렵게 생각할 필요는 없다. 현장에 가 단지 안팎을 꼼꼼하게 살펴보고 주변의 시세, 인프라, 교통, 생활 편의, 학군, 지역 분위기 등을 살펴보면 된다.

직접 보고 듣는
과정이 중요하다

후보군인 아파트 또는 주택을 직접 눈으로 확인하는 것이 임장의 첫발이다. 이를 위해 미리 공인중개사무소 등에 연락을 취해 약속을 잡고 필요한 사전 정보를 문의해야 한다. 최소 1~2주 전에 해당 단지의 매물을 보유하고 있는 공인중개사무소에 전화를 걸어 매물이 있는지, 직접 방문하고 구경할 수 있는지 등을 확인하면 된다. 이 과정을 통해 실제 매물의 거래 현황이나 해당 단지의 거래 분위기 등을 파악할 수 있다. 날고 기는 전문가들이 많지만 '현장'이 가장 중요한 부동산의 특성상 해당 단지에 대한 정보는 그 매물을 거래하는 현지 공인중개사가 최고 전문가라고 봐도 무방하다. 또한 미리 연락을 해야 구체적인 매물의 상태를 확실히 알 수 있으니 조금 번거롭더라도 선약을 잡는 편이 낫다. 예를 들어 전세가 껴 있는 매물인지, 급매인지, 집주인이 호가보다 조금 양보할 의향이 있는지 등은 단순히 인터넷에 올라와 있는 정보만으로는 확인이 어렵다.

집을 먼저 볼지, 동네 분위기를 먼저 볼지는 선택의 문제다. 집의 구조와 단지 정보 역시 검색으로 손쉽게 얻을 수 있는 만큼 임장에서는 단지 주변의 분위기와 전반적인 점검을 더 중시할 수 있다. 어쨌든 집을 사기 위해서 매물을 보는 건 필수적인 과정이니 가능한 빨리 현장을 찾아 점검하는 것이 좋다. 매물을 보기로 약속을 잡았다면 그 시간보다 좀 더 일찍 공인중개사무소에 찾아가자. 미리 공부를 많이 했더라도 현장 전문가의 목소리를 들어보면 놓쳤던 부분을 확인할 수 있고 보다 생생한 정보를 얻을 수 있다.

필자가 공인중개사무소에 방문할 때 가장 먼저 묻는 공통된 질문은 'RR'이 어디냐는 것이다. RR이란 로얄동, 로얄층의 약어로 해당 아파트 단지에서 가장 선호도가 높은 매물을 의미한다. 통상 RR은 해당 단지에서 가장 비싼 가격에 거래되는 경향이 있는 만큼 RR을 저렴하게 매수한다면 가장 큰 이득을 볼 수 있다. RR과 더불어 단지 주변의 개발 호재를 점검하는 것도 반드시 해야 한다. 지역 개발 이슈에 대한 정보 역시 현지 공인중개사들이 가장 먼저 취득할 가능성이 높은 만큼 이야기만 잘 나누면 인터넷에 알려지지 않은 고급 정보를 취득할 수 있다.

결국 단지 및 동네 전반에 대해 잘 설명해주는 친절한 공인중개사를 만나는 것이 중요하다. 단순히 거래를 성사시키기 위한 목적으로만 움직이는 공인중개사가 있는 반면, 드물지만 해당 지역과 단지를 친절히 잘 설명할 수 있는 전문성을 갖춘 귀인도 존재한다. 그러한 귀인을 만나면 훨씬 수월하게 임장을 다닐 수 있다. 필자도 우연치 않게 그러한 귀인을 만난 적이 있다. 그 분은 처음 만나자마자 진지하게 해당 동네의 미래가치와 개발 호재 등을 일목요연하게 정리해 설명해줬다. 아파트 매물을 보러 가는 중에도 쉬지 않고 이 길 오른쪽에는 무엇이 개발되고, 저 옆은 향후 재개발이 예정되어 있어 기대가 크다는 등의 정보를 제공해줬다. 나중에는 해당 아파트를 지금 당장 사지 않으면 진짜 큰 기회를 놓칠 것 같은 불안감까지 느껴질 정도였다.

주의가 필요한 부분은 개발 정보 등 호재에만 귀를 기울여서는 안 된다는 것이다. 그러한 정보가 중요한 것은 맞지만 투자 판단을 내릴 때 호재에만 전적으로 의존해서는 안 된다. 혹시 현재 갈등 사항은 없는지, 부정적 이슈가 있지는 않은지도 같이 점검하는 것이 좋다. 집을 거래하는 것이 목표인 공인중개사의 말만 곧이곧대로 다 믿어서도 안 된다. 반드시 교차 검증을 통해 사실 여부를 가려야 한다. 참으로 어렵지만 결국 여러 정보를 취합해 최종 판단을 내리는 사람은 '나' 자신이라는 점을 잊지 말자.

반드시 확인해야 할 체크 포인트

처음 집을 보러 가면 무엇부터 봐야 할지 허둥지둥하기 쉽다. 몇 번 임장 경험이 쌓이면 무엇을 봐야 하고 확인해야 할지 대충 감이 잡히겠지만, 이번 기회에 미리 알아두면 좋은 체크 포인트를 공유하겠다. 해당 체크 포인트는 아파트를 기준으로 작성했다. 기본적인 집의 컨디션, 구조, 가구수 등의 정보는 공인중개사가 친절하게 설명해줄 것이니 제외했다.

1. 남향 여부, 채광

집은 새로운 아침을 시작하는 곳이며 퇴근 후 휴식의 공간이자 주말의 여가 활동을 위한 안식처다. 즉 대부분의 시간을 지내야 할 보금자리이기에 확인해야 할 부분이 많다. 그중에서 가장 중요한 요소 중 하나가 바로 채광이다. 볕이 얼마나 잘 드는지, 얼마나 오랜 시간 드는지 등을 확인해보는 게 좋다. 특히 대부분의 시간을 보내는 거실을 중심으로 창이 남향인지를 다시 한번 확인할 필요가 있다.

최근 지어진 아파트의 경우 최대한 많은 가구가 남향을 누릴 수 있도록 단지를 지을 때 남동향과 남서향을 V자 형태로 바라보도록 배치하는 것이 일반적이다. 남동향의 경우 아침 일찍 해가 들어와 조금 일찍 해가 빠지는 반면, 남서향의 경우 해가 상대적으로 늦게 들어오는 대신 늦은 오후까지 볕이 드는 장점이 있다. 이런 특성으로 인해 오전 활동이 많은 중장년층 또는 은퇴 노년층의 경우 남동향을 선호하고, 3040세대 직장인 등은 남서향을 선호하는 경향이 있다. 물론 정남향이라면 아침부터 늦은 오후까지 채광을 누릴 수 있으니 이보다 더 좋을 순 없다.

아파트의 층수 역시 채광에 큰 영향을 미친다. 아무래도 저층일수록 볕이 오래 들지 못할 수밖에 없다. 동 간 간섭이 큰 아파트 단지의 경우 저층의 채광 불이익은 생각보다 크다. 채광만 생각하면 층이 높을수록 유리한 것이 사실이지만 너무 높은 층의 경우 엘리베이터 이용에 불편이 있을 수 있다. 그래서 그 절충안인 8~12층 사이의 '중층'이 로얄층으로 불리는 것이다. 볕이 잘 들면 아무래도 집이 따뜻하고 식물 등을 키우는 데 도움이 된다. 도면상의 남향 여부와 실제 집의 채광 여부를 꼼꼼하게 점검해보는 것이 좋다.

채광 여부를 잘 확인하려면 볕이 한창인 점심시간 전후에 집을 보는 것을 추천한다. 주중 퇴근 이후 임장을 가면 아무래도 채광 여부를 제대로 파악하기 어렵기 때문이다. 정말 마음에 드는 집이 있다면 평일 주중 저녁에 한 번, 주말 오전에 한 번 이렇게 최소 두 번 이상은 살펴보는 것이 좋다. 출퇴근 시간의 분위기와 주말 오전의 분위기가 상당히 다른 만큼 검토가 필요한 부분이다.

2. 화장실과 부엌 수압 점검 및 누수 체크

아파트를 점검할 때 눈치 보지 말고 확인해야 할 것이 바로 수압 점검이다. 신축 아파트라면 크게 신경 쓰지 않아도 되지만 구축 아파트라면 수돗물과 화장실 수압이 안 좋을 수 있다. 이를 확인하지 않고 계약했다가 낭패를 보는 사례도 여럿 봤다. 수도 관련 공사가 생각보다 대규모이다 보니 자칫 큰돈이 들 확률이 높다. 생판 모르는 사람의 집에 가면서 부엌이나 화장실 물을 트는 게 다소 민망할 수 있지만 수억 원에 달하는 집값을 생각하면 그 정도는 감수해야 할 부분이다. 필자도 임장 때 화장실 물을 내렸더니 집주인이 농담 반 진담 반 "굉장히 꼼꼼하시네요."라는 핀잔을 주기도 했다. 집이 한두 푼 하는 물건도 아니고 민망하다고 굽혀서는 안 된다. 최대한 직접 눈으로 확인하는 것이 중요하다.

누수 여부도 함께 확인해야 한다. 누수 여부는 눈으로 확인할 수 있기도 하지만 상황에 따라 잘 보이지 않는 경우도 많다. 누수 문제가 발생할 경우 책임 소재와 관련된 보수 비용이 상당히 많이 들기 때문에 꼼꼼하게 확인하고 집주인에게 분명하게 물어봐야 한다. 누수 여부는 고지를 제대로 하지 않을 경우 자칫 법적 분쟁으로까지 이어지기도 하는 만큼 철저하게 확인하는 것이 낫다.

3. 결로, 곰팡이, 동파 여부

대한민국은 사계절이 뚜렷하다. 덥고 습한 여름과 춥고 건조한 겨울은 주거 공간에 치명타를 입히는 적이다. 집을 점검할 때 특히 앞뒤 베란다 혹은 붙박이장 등 구석진 곳을 꼼꼼하게 점검해야 하는 이유다. 상대적으로 볕이 들지 않는 베란다와 창고 등은 집을 살펴볼 때 필수적으로 점검해야 하는 코스다. 습기 탓에 곰팡이균이 덕지덕지 붙어 있는지도 꼼꼼하게 확인해야 한다. 보관 방법과 관리 부족으로 인한 문제라면 어느 정도 해결 가능하지만 아파트 구조로 인해 관리가 어려운 부분이 있으니 이는 공인중개사와 함께 확인해보는 것이 좋다. 결로 여부 역시 확인해야 하지만 한겨울이나 추운 날씨가 아니면 정확한 진단이 어려워 거주자에게 넌지시 물어보는 것 외엔 방법이 없을 수 있다. 최대한 눈으로 확인할 수 있는 부분은 꼼꼼하게 확인하고 해결이 가능한 수준인지 점검하기 바란다.

4. 층간소음 및 방음 여부

최근 논란의 중심에 서 있는 이슈가 바로 층간소음 문제다. 층간소음 문제로 크게 다투기도 하고 심지어 살인사건까지 발생하는 지경이니 여간 심각한 것이 아니다. 다만 층간소음 여부는 집을 보러 가서 점검하기에 쉬운 요소는 아니다. 실제 거주하면서 확인하는 수밖에 없기 때문이다. 또한 윗집에 신혼부부가 사는지, 어린 자녀를 둔 부부가 사는지, 은퇴 노부부가 사는지 등 생애주기와 생활양식에 따라 소음 여부가 달라질 수 있는 만큼 판단이 어렵다. 이럴수록 공인중개사 등을 통해 현황을 확인해보는 것이 가장 좋다.

외부 소음이 얼마나 잘 방음되는지도 점검해야 한다. 대개 대로변 도로가를 끼고 있는 단지나 행인이 많이 드나드는 도보와 맞닿아 있는 단지라면 상대적으로 소음이 유발될 가능성이 크다. 물론 창의 기능에 따라 어느 정도 방음이 될 수는 있지만 자동차 소음 등은 미리 확인하는 것이 중요하다. 소음이 심각할 경우 1년 내내 창문을 닫고 지내야 하는 불편함을 초래할 수 있는 만큼 방음 및 외부 소음 역시 꼭 확인해야 한다.

5. 결정적 하자 유무

앞에 네 가지 사항은 놓치지 않아야 할 대표적인 체크 포인트다. 이 밖에 아파트 특성에 따라 반드시 확인해야 할 부분이 있다. 특히 부동산 거래 자체에 영향을 미칠 큰 하자 또는 고장 여부를 잘 확인해야 한다. 집을 둘러볼 때는 최대한 긴장감을 갖고 살펴보는 것이 좋다. 가능하다면 동의를 구하고 사진 촬영을 하는 것도 한 방법이다.

번외로 또 하나의 변수는 바로 세입자를 낀 집을 보는 것이다. 통상 집주인이 거주 중인 주택이라면 집주인이 친절하게 집을 보러 오는 사람을 맞아주는 편이다. 집을 보는 시간 역시 가능하면 매수 희망자의 시간을 최대한 배려해준다. 집을 팔려는 집주인 입장에서는 군이 집을 보러 오는 사람에게 까칠할 이유가 없다. 이와 달리 세입자가 껴 있는 집은 참 난감한 경우가 잦다. 세입자 입장에서는 집주인이 바뀔 수 있다는 새로운 변수가 생기는 것이기에 민감할 수밖에 없고, 게다가 실거주 목적으로 집을 사게 되면 현재 살고 있는 세입자는 사실상 나가야 하기 때문에 적극적으로 협조해줄 필요가 없다. 집주인의 사정으로 현재 거주 중인 자신의 집에 외부인이 자꾸 드나들고 집을 살펴보는 게 당연히 불편한 일이기도 하다.

실제 가까운 지인 부부는 세입자의 반대로 아예 집을 보지도 못한 채 리스크를 감수하고 울며 겨자 먹기 식으로 계약서에 사인을 한 경우도 있다. 해당 매물은 아니지만 같은 타입의 아파트를 봤기 때문에 기본적인 구조와 형태는 알고 있었지만, 어쨌든 지인 부부 는 사려는 물건이 어떻게 생겼는지 한 번 보지도 못하고 사는 상품 은 세상에 부동산밖에 없을 것이라는 우스갯소리를 했다. 세입자 가 집을 어떻게 쓰고 있는지, 집에 어떤 하자가 있는지조차 제대로 보지 못하고 집을 산 셈이다. 이뿐만 아니라 인테리어를 위한 사전 방문조차 거부해 아무것도 하지 못하고 세입자가 나가는 날까지 마냥 기다렸다고 한다. 게다가 최근에는 세입자 보호 규정이 강화 되어 어려움이 큰 상황이다. 그래서 세입자가 거주 중인 집을 보러 갈 때는 한층 더 친절하고 조심스럽게 행동해야 한다.

공인중개사의 마음을 잡아야 기회가 온다

부동산 거래는 매도인과 매수인 간의 심리게임이다. 조금이라도 비싸게 팔고 싶은 매도인과 조금이라도 싸게 구입하고 싶은 매수 인 간의 줄다리기인 것이다. 치열한 눈치 싸움에서 승리하기 위해 서는 합법적인 범주 안에서 수단과 방법을 가리지 말아야 한다. 그 첫 단추이자 주춧돌이 바로 공인중개사의 마음을 잡는 일이다. 부동산은 일반적인 재화와 달리 수억 원에 달하는 고가이고 거래를 위한 절차 자체도 굉장히 복잡하다. 그러한 특수성으로 인해 공인중개사가 거래 당사자들 간의 입장을 조율하고 중재하는 역할을 수행한다. 일반적인 주택 거래에서 공인중개사 없이 매물을 찾고, 약속을 잡아 방문하고, 가격을 흥정하는 일은 굉장히 어렵다. 공인중개사 입장에서는 수수료를 위해 매도인과 매수인을 잘 설득해 거래를 성사시키는 것이 목적이다. 이처럼 매도인과 매수인, 공인중개사 간의 역학 관계가 잘 맞물려 돌아갈 때 거래가 수월해진다.

집을 사려는 매수희망자의 입장에서 이 판을 자세히 살펴보자. 요즘처럼 매도인 우세인 상승조정장에서는 어쨌든 매수희망자가 좀 더 기민하게 움직여야 한다. 이를 위해서는 공인중개사와의 관계 설정을 잘하는 것이 중요하다. 실제로 공인중개사 분들도 거래로 이어질 수 있는 가능성이 큰 사람에게 더욱 관심을 갖고 적극적일 수밖에 없는 만큼 전략적인 접근이 필요하다.

우선 항상 조건만 맞으면 곧바로 계약금을 낼 수 있다는 모습을 최대한 보여주는 것이 좋다. 부동산 거래도 사실 일반 사람들의 일과 다를 바 없다. 결국 거래라는 결과를 이끌어내기 위한 흥정과 협상의 연속인 만큼 이를 중개하는 공인중개사 입장에서도 효율적인 거래를 희망한다. 매도인과 매수인의 만족을 함께 도모해야 하는 공인중개사의 사정상 단순히 매수희망자만의 편은 아님을 인지하고 있어야 한다. 최대한 곧바로 거래에 들어갈 수 있다는 모습만 보여도 충분하다. 실제 매수희망자가 준비가 되더라도 매도인이 매물을 거두거나 조건을 바꿀 수 있는 만큼 일단 최소한 매수를 희망하는 쪽에서는 큰 문제가 없음을 보여주는 게 도움이 될 수 있다.

무엇보다 좁은 동네는 소문이 빠른 만큼 너무 많은 공인중개사무소를 여기저기 찾아다녀서는 안 된다. 통상 여러 단지를 공동 매물 형식으로 공유하는 등 공인중개사들끼리도 협력하는 경우가 많은 만큼 주의가 필요하다. 전반적인 분위기 점검 차원에서 여러 곳을 다니는 것도 좋지만, 진짜 봐야 할 매물을 확정 짓고 이를 조율하는 과정에서는 잘 맞는 공인중개사 한 명과 이야기를 이어나가는 것이 좋다. 당연히 작은 동네일수록 소문이 무척 빠르다는 점을 잊지 말아야 한다.

필자 역시 처음부터 모든 공인중개사와 살갑게 지내지 못했다. '물건(집)을 사러 가는 사람은 나인데 내가 군이 자세를 낮춰야 하나?' 하는 생각이 들었기 때문이다. 내 집 마련을 준비하던 초반에는 공인중개사와 다투기도 했다. 분명 인터넷으로 매물이 있는 걸 확인한 뒤 찾아갔는데 그 매물은 이미 팔렸다며 수천만 원 더 비싼 매물밖에 없다는 이야기를 들었기 때문이다. 1시간 걸려 찾아간 고생을 허무하게 만드는 일이 잦았다. 지금 돌이켜 생각해보면 허위 매물이었는지도 모르지만 군이 맞서 싸울 필요가 있었나 싶다. 또 집값 상승기에는 한 푼이라도 깎아서 집을 사려는 매수자에게 공인중개사들이 상승론을 설파하며 설교하듯이 가르치려 드는 경우가 잦다. 이때 조금 짜증이 나더라도 참는 게 좋다. 굳이 각을 세워서 득 될 게 없다. 상승장에서는 매수희망자가 철저히 을의 입장에 설 수밖에 없다. 최대한 양보하고 낮춰야만 매수라는 목표와 가까워질 수 있으니 마음을 고쳐 잡을 필요가 있다.

필자 역시 마음을 다잡자 기회가 찾아왔다. 마음이 맞는 한 공인중개사무소와 좋은 인연을 맺어 좋은 관계를 쌓았고, 진심으로 해당 물건을 매입하고 싶다는 모습을 최대한 취했다. 실제로 매수하고 싶은 마음은 컸지만 당시 가용자금에 비해 시세가 2천만~3천만 원가량 비쌌다 보니 쉽지 않은 상황이었다. 금액만 맞으면 무조건 사겠다는 의지와 관심을 표명하자 이때부터 기회가 찾아왔다. 현실적으로 가진 돈이 부족해 거래가 불가능한 상황일지라도 정말 마음에 드는 물건이라면 좀 더 끈질길 필요가 있다는 걸 이때 깨달았다. 결국 중간에 해당 물건을 놓치고 기회가 사라져버렸음에도 불구하고 꾸준히 공인중개사무소 사장님과 연락을 취해 동향을 체크했다.

적어도 2~3주에 한 번씩은 해당 공인중개사에게 전화를 걸어 현재 매물의 상황과 분위기를 파악했다. 자금은 조금 모자라지만 그 누구보다 집을 사고 싶다는 모습을 꾸준히 보인 것이다. 그사이 몇 차례 매물을 임장하면서 단지의 배치, 집 구조와 장단점 등 매물별 특징을 어느 정도 파악했다. 꽤 오랫동안 거래가 이뤄지지 않은 어느 한 저층 매물은 화장실 쪽에 인테리어 문제가 있다는 부분까지

▶ 국가공간정보포털 사이트 '부동산중개업조회' 메뉴

알게 되었다.

그러던 어느 날 항상 전화를 걸던 쪽은 우리였는데 해당 부동산에서 갑자기 전화가 왔다. 근무 중이라 바쁜 와중에도 깜짝 놀라 전화를 받았다. 역시 좋은 소식이었다. 마침 급하게 매물을 처리하려는 집주인이 있는데 물건을 중개 플랫폼에 올리기 전에 필자가 기억 나 이렇게 연락을 했다는 것이다. 집주인과 금액을 겨우 맞췄는데 어떻게 할 것이냐가 핵심이었다. 대답은 당연히 "좋습니다."였다. 그날 바로 해당 공인중개사무소로 찾아가 계약서를 작성하고 계약금을 냈다.

필자는 운이 저절로 찾아온다는 말을 잘 믿지 않는다. 계속 꾸준히 두드리고 기다려야 문은 열린다. 단순히 문만 두드린다고 열리는 것이 아니라 간절한 마음으로, 간절한 태도로 임하다 보면 기회가 온다고 믿는다. 다시 한번 명심하자. 부동산 상승기에 집을 사려면 자세를 낮추고 부지런해져야 한다. 그래야 기회가 온다.

집을 사는 일은 줄다리기의 연속이다. 수많은 의사결정, 넘치는 고민거리, 알아야 할 잡다한 정보 속에서 문의하고, 확인하고, 점검하는 일이 끊이지 않는다. 그리고 매도인과 매수인 사이에서 가교역할을 하는 곳이 바로 공인중개사무소다. 따라서 되도록 바로바로 전화를 받고 연락이 빠른 공인중개사를 구하는 것을 추천한다. 바쁘다는 이유로, 잠깐 다른 일을 본다는 이유로 전화가 잘 안 되거나 연락이 늦으면 다른 공인중개사를 찾는 편이 낫다. 항상 바로바로 연락이 되고 무슨 문제가 생겼을 때 전화를 주는 그러한 귀인을 찾아야 한다. 참고로 귀인인지 아닌지 가리는 것은 어렵지만 제대로 된 공인중개사인지 확인할 수 있는 방법은 있다. 바로 국가공간정보포털 사이트(www.nsdi.go.kr) '부동산중개업조회' 메뉴를 통해 정식으로 등록된 곳인지 조회하는 것이다.

종종 공인중개사가 잠수를 타거나, 매도인이 연락이 끊겨서 곤란한 상황에 빠지는 경우가 생긴다. 이럴 경우 가장 답답한 것은 다름 아닌 집을 사려는 매수희망자이기 때문에 연락이 수월한 공인중개사와 일해야 한다. 또한 말이 자꾸 바뀌는 공인중개사는 피해야 한다. 거래의 기본 원칙인 '신뢰'가 무너지는 거래는 추천하지 않는다. 진실보다는 거짓으로 간을 보려는 공인중개사는 피해야 한다. 특히 정보 비대칭성의 중심에 서 있는 공인중개사의 특성상 나쁜 마음을 먹으면 한도 끝도 없이 상황이 악화될 수 있다. 반대로 진실된 마음으로 서로 협력한다면 정말 그보다 좋은 파트너가 따로 없다. 연락이 잘되고 진실된 공인중개사, 이런 귀인을 만난다면 매수희망자의 아파트 거래는 이미 절반쯤 성공한 셈이다.

확인 또 확인,
실수를 줄여라

#일방적 #계약파기 #헷갈리는 #주택취득자금조달계획서

여러 차례 임장을 통해 매수 후보지를 추리고 매물을 직접 확인했다면 이제 내 집 마련의 꿈이 거의 눈앞에 다가온 셈이다. 계약을 위한 최종 점검 요소를 확인하고, 매매를 위한 조건 및 기존 세입자와의 권리관계 정리 등을 하면 사실상 마무리 단계다. 특히 최근 세입자 보호를 위해 강화된 「주택임대차보호법」의 규정을 꼼꼼히 살펴보고, 세입자와의 불필요한 분쟁이 발생하지 않도록 주의해야 한다. 워낙 법 개정이 잦고 개별성이 강한 부동산 거래의 특성상 꼼꼼하게 살펴보지 않으면 큰 낭패를 겪을 수 있다. 실제로 세입자와의 분쟁으로 실입주 시 시기 조율의 문제가 발생하거나, 심각할 경우 아예 세입자가 나가지 않을 가능성도 벌어질 수 있어 이 부분은 특히 더 꼼꼼히 점검해야 한다.

계약서를 썼다고
안심은 금물

여러 조건을 검토하고 가격 조건에 대한 조율이 끝났다면 이제 계약에 임할 차례다. 통상 부동산 거래는 계약금, 중도금, 잔금 등 세 차례에 나눠 금액을 치르는 게 일반적이다. 계약금은 전체 집값의 10% 정도로 책정되며, 중도금과 잔금은 계약 당사자 간의 협의를 통해 충분히 조율될 수 있다. 최근 집값 상승으로 중도금 부담이 큰 만큼 대개 잔금의 비율을 최대한 늘리고 중도금 비율을 최소화하는 것이 일반적인 방식이다. 다만 매도인과 매수인의 사정에 따라 이 비율은 달라질 수 있고, 이를 상대방에게 맞춰 조율하고 나머지 조건을 양보받는 식으로 협상의 기술이 필요한 영역이기도 하다. 일단 계약금을 내면 내 집 마련의 5부 능선은 넘은 셈이다. 왜 7~8부 능선이 아닌 5부 능선이냐면 계약금만으로는 해당 계약이 사실상 마무리되었다고 볼 수 없기 때문이다. 계약서 작성과 계약금 송금 이후에도 계약이 어그러지는 경우가 많은데, 대표적인 사례가 집값의 가파른 상승으로 인한 일방적 계약 파기다. 다음은 「민법」 제565조(해약금)의 내용이다.

> 매매의 당사자 일방이 계약 당시에 금전 기타 물건을 계약금, 보증금 등의 명목으로 상대방에게 교부한 때에는 당사자 간에 다른 약정이 없는 한 당사자의 일방이 이행에 착수할 때까지 교부자는 이를 포기하고 수령자는 그 배액을 상환하여 매매계약을 해제할 수 있다.

부동산 거래에도 이러한 법이 그대로 적용된다. 법조문에서 말하는 '이행에 착수할 때' 하는 시점은 중도금 납입으로 본다. 즉 중도금을 납입하면 「민법」에 따라 계약의 해제는 불가능하고 손해배상으로 해결해야 하지만 그 이전에는 상대방의 의사나 계약 내용과 무관하게 해제할 방법이 있다는 뜻이다. 정리하자면 계약금을 지불하고 중도금을 지급하기 전까지는 계약금의 배액을 배상하는 조건으로 계약을 파기할 수 있다. 매수희망자야 당연히 집을 사고자 계약했으니 계약을 해제할 사유가 없다고 봐야 하지만 매도인의 경우는 조금 다르다. 특히 집값이 가파르게 상승하는 시기에는 계약 후 계약금의 배액보다도 아파트 가격이 더욱 상승하기도 한다. 실제로 과거 필자가 대한민국 부동산 일번지 강남구 압구정동 아파트를 취재할 당시 계약금의 배액이 무려 2억 원이 넘음에도 불구하고 매도인이 계약을 파기한 사례도 있었다.

급격하게 상승세를 타고 있는 서울 아파트 가격으로 인해 매수희망자들이 집주인에게 집을 팔아달라고 읍소하는 해프닝이 곳곳에서 벌어지고 있다. (...) 2016년 입주한 성동구 하왕십리동 신축 아파트를 매수한 한 신혼부부는 잔금을 치르기 위해 집주인과 만나기로 했지만 6시간 가까이 집주인이 나타나지 않아 반나절을 날리기도 했다. 계약 후 집값이 1억 원 넘게 오르자 마음이 변한 집주인이 약속을 지키지 않은 것이다.

매도인 우세장 시기에 쓴 필자의 기사다. 집값이 상승할 때는 5천만 원, 1억 원 단위로 계단식 상승이 곧잘 일어나기 때문에 자칫 계약 후 집값이 크게 오르게 되면 계약서의 잉크가 마르기도 전에 '계약 파기'라는 봉변을 당할 수도 있다. 끝날 때까지 끝난 게 아니란 말처럼 부동산 매매 과정도 완전히 잔금을 치르고 등기부등본 명의가 넘어오기 전까지는 끝난 게 아니란 점을 잊지 말아야 한다.

계약서 작성 전반의 과정은 통상 공인중개사가 이끌어준다. 해당 집에 대한 이해도가 높으면서 매도인과 매수인 사이의 중재자인 공인중개사가 중도금, 잔금 납입일자 및 금액, 특약사항 등을 조율해줄 것이다. 다만 너무 공인중개사만 믿고 가만히 있으면 안 된다. 혹시 집의 중대 하자나 수선이 필요한 부분이 있는지 미리 확인해두고, 이에 대한 특약사항 기재를 요구하는 것이 좋다. 좋은 공인중개사란 결국 변수를 최소화해주고 리스크를 줄여주는 사람이란 것을 명심하자. 항상 긴장하고 또 긴장해야 한다.

실입주를 목표로 한다면 잔금일, 즉 매도인이 집을 빼는 날짜와 이사를 들어갈 날짜를 조율하는 것 역시 매우 중요하다. 집주인이 거주 중인 집이라면 통상 집을 비워주는 날짜와 잔금일을 일치시켜 거래를 진행한다. 실무적으로는 해당 집주인이 집을 비워주는 시기, 즉 이사를 진행하는 오전 중에 공인중개사무소에서 매도인과 매수인이 만나 잔금을 넘겨주고 등기 업무를 처리한다. 이 부분 역시 매도인과 매수인의 사정 등에 따라 얼마든지 조율할 수 있으니 참고한 뒤 실제 본인의 상황에 맞게 합의하면 된다. 실거주 중인 집주인의 입장에서는 집을 팔아 다른 곳으로 이사를 가야 하기 때문에 자신의 사정에 맞게 중도금과 잔금일을 정하고 싶을 것이고, 매수인 입장에서는 현재 거주 중인 집의 계약 상황에 맞춰 날짜를 조율하고 싶을 것이다. 각자의 사정이 정확히 일치하기가 쉽지 않으니 이러한 부분은 충분한 대화를 통해 진행하는 것이 바람직하다. 아무튼 일차적으로 계약서를 작성하고 계약금을 이체했다면 내 집 마련의 큰 고비는 넘겼다.

필자 역시 계약서를 작성할 때는 공인중개사 분의 안내 덕에 큰 문제가 없었다. 그런데 딱 한군데에서 매도인과 입장 차이가 생겼다. 바로 잔금 지급 시기였다. 5월 말에 계약서를 작성했는데 집주인은 늦어도 9월까지는 잔금을 치렀으면 좋겠다는 입장이었다. 반면 필자는 10월에 잔금을 지급해야 전세보증금이나 이사 문제를 해결하기 수월했다. 결국 양측의 계속된 줄다리기 끝에 두 날짜의 중간쯤인 10월 초순으로 잔금일이 조정되었다. 물론 잔금일은 계약 당사자 간의 협의하에 변경할 수 있다는 단서를 달아뒀다. 하지만 문서상 적시된 날짜가 있는 이상 그 날짜의 힘이 가장 강할 수밖에 없다. 매수인 입장에서는 잔금일에 따라 자금 마련 여부와 이사 계획, 인테리어 계획까지 전부 바뀌기 때문에 잔금일 설정이 가장 중요하면서도 복잡한 문제에 해당한다.

주택취득자금조달계획서, 어떻게 작성해야 할까?

계약서 작성과 더불어 공인중개사로부터 '주택취득자금조달 및 입주계획서(이하 주택취득자금조달계획서)' 서류를 교부받게 된다. 이를 작성하는 것 역시 매우 중요한 절차다. 현재 투기과열지구, 조정대상지역의 경우 모든 주택 거래에 대해 주택취득자금조달계획서와 증빙자료를 제출해야 한다. 비규제 지역의 경우 6억 원이 넘는 주택을 매수할 때 해당 자료를 제출한다. 규제 지역 내 주택의 경우 과거 9억 원 미만일 때는 증빙서류 제출 의무가 없었으나 현재는 규제 강화로 상황이 바뀌었다. 가장 간단한 방법은 최대한 꼼꼼하게 서류를 챙기고 증빙자료를 만들어두는 것이다.

취득 자금이 10억 원 미만일 경우에는 자금 출처의 80% 이상이 확인되면 전체 소명한 것으로 간주하고, 10억 원이 넘을 경우에는 입증하지 못한 금액이 2억 원 미만일 경우 전체 금액을 소명한 것으로 간주한다. 만약 자금의 출처를 소명하지 못하면 증여로 추정해 증여세를 추징하니 반드시 대비가 필요하다.

국토교통부가 명시한 관련 증빙서류는 예금잔액증명서, 부동산 매매계약서, 소득금액증명원, 금융기관 대출신청서, 주식거래내역서, 증여·상속세 신고서, 혼주와 본인 하객을 구분한 방명록, 차용증 등이다.

간단한 개인정보와 더불어 주택취득자금조달계획서는 크게 자기자금과 차입금으로 분류된다. 자기자금은 금융기관 예금액, 주식·채권 매각대금, 증여·상속 자금, 현금 등 그 밖의 자산, 부동산 처분대금 등으로 구성된다. 예금액은 예금잔액증명서로 증빙이 가능하고 주식·채권 매각대금 역시 주식거래내역서, 잔고증명서로 소명하면 된다. 현금 등 그 밖의 자산은 소득금액증명원, 근로소득 원천징수영수증으로 소명한다. 여기서 부동산 처분대금은 단순 부동산 매각대금 외에도 전세보증금 등 거주 관련 자금이라면 다 포함된다. 이에 대한 증빙서류는 부동산 매매계약서, 부동산 임대차계약서 등이다. 증여 및 상속자금의 경우 증여·상속세 신고서 및 납세증명서를 제출해야 한다. 증여 및 상속자금의 경우 관련 규정을 잘 확인해 분명하게 처리해야 한다. 증여 및 상속자금은 가장 꼼꼼하게 들여다보는 항목일 뿐만 아니라 국토교통부 및 서울시의 불법 거래 점검 시 가장 빈번하게 적발되는 사례이기도 하다.

많은 사람이 궁금해하는 부분이 바로 해당 항목과 관련된 금액이 서류 작성 당시 확보되어 있지 않으면 어쩌냐는 우려다. 이에 대해 추후 증빙 시점까지 만들어질 수 있다면 미실현 자금도 기재 가능하다는 점을 확인해두길 바란다. 이와 더불어 혹시 주택취득 자금조달계획서에 적은 금액을 정확히 마련해야 하는지에 대해서도 불안감을 느끼는 이들이 있다. 이는 말 그대로 계획서이기 때문에 돈 1천 원까지 정확히 일치시키기 어려운 게 당연하다. 그렇기에 너무 숫자 한 자리까지 정확히 끼워 맞추려고 할 필요는 없다.

차입금 등 항목에서 금융기관 대출액은 주택담보대출, 신용대출, 그 밖의 대출로 구성된다. 금융기관을 통한 대출은 금융거래확인서, 부채증명서, 대출신청서 등 관련 서류로 증빙하면 된다. 주택담보대출 역시 추후 잔금을 치를 때 만들어지는 자금이기 때문에 현재 가지고 있지 않더라도 기재할 수 있다. 차입금의 경우 특별히 주의해야 할 점은 단순히 차입을 한다는 증빙뿐만 아니라 실제 해당 차입금을 상환할 능력과 의지가 있음을 서류를 통해 소명해야 한다는 점이다. 또한 앞서 언급한 증여와 차입금을 구분하는 것 역시 매우 중요하다. 가족 간 증여와 금전대차는 해석으로 갈릴 수도 있기 때문에 매우 주의해야 한다.

가족 간 금전대차 시 금전소비대차계약서, 즉 차용증을 반드시 작성해야 한다. 가능하다면 공증이나 내용증명 등을 통해 확실히 해두는 게 좋다. 금전대차의 이자 부분도 명확히 해야 한다. 통상 2억 원 이하의 금전대차는 무이자도 가능하지만 2억 원이 넘어가는 구간에서는 최소 4.6%의 이자를 줘야 한다. 정확하게는 2억 1,700만 원까지는 무이자 금전대차가 가능하다고 이해하면 된다. 통상 1천만 원까지는 증여 공제가 이뤄지기 때문에 이에 따르면 해당 금액까지는 무이자가 가능한 셈이다. 그 이상의 금전대차는 4.6% 이상의 이자를 지급해야 한다. 너무 정확하게 맞추려다 봉변을 당할 수 있는 만큼 2억 원 미만이면 무이자 금전대차가 가능하고, 그 이상이면 반드시 이자를 지급해야 한다고 받아들이는 게 편하다. 이자는 매달 지급이 원칙이나 반드시 매월일 필요는 없다. 문제가 생기지 않게 잘 준비해두면 충분하다.

주택취득자금조달계획서는 통상 공인중개사에게 전달해주면 처리해주는 게 보통이다. 이 밖에 시·군·구청에 직접 제출하거나 국토교통부 부동산거래관리시스템 사이트(rtms.molit.go.kr)에 직접 제출하는 방법이 있다. 제출 시기 역시 계약 이후 30일 이내 신고가 원칙이며 대부분 공인중개사무실에서 처리해주니 믿고 맡기는 것이 가장 간편하다. 이렇게 신고를 마치면 계약일 기준 30일 이내에 국토교통부와 서울시 부동산 정보광장에 해당 거래 내용이 공시된다. 기존 60일 내 신고가 원칙이었지만 최근 법 개정을 통해 30일로 줄어들었다.

만약 주택을 공동명의로 마련한다면 주택취득자금조달계획서 역시 명의자 수만큼 작성해 제출해야 한다. 이 부분에 대해서는 안내가 없어 헷갈리는 사람들이 많다. 만약 5 대 5 지분으로 공동명의를 했다면 거래대금을 각각 절반으로 나눈 금액을 기준으로 서류를 작성해야 한다. 통상 부부의 경우 공동재산으로 취급되기 때문에 액수를 절반 정도로 나눠 작성해도 큰 문제는 없다. 다만 대출 등 소명이 필요한 자산이나 부채의 경우에는 각 개별 사정에 맞게 정확히 작성하는 것이 좋다. 예를 들어 10억 원짜리 집의 경우 4 대 3 대 3의 비율로 명의자가 3명이라면 4억 원 대 3억 원 대 3억 원의 비중으로 각각 주택취득자금조달계획서를 작성해야 한다. 만일 헷갈린다면 이 부분은 전문가의 도움을 받기 바란다.

내 집은
따로 있다

좋은 기회를 만나 덜컥 계약서를 작성했지만 걱정은 더욱 늘어났다. 지금 집값이 꼭지는 아닌지, 혹시 집값이 떨어지면 어쩌나 싶어 계약을 한 날에도 잠을 제대로 못 잤다. 또 기존에 계획을 세웠던 대출 계획이 문제 없이 진행될지도 걱정되었고, 또 다른 변수가 생기진 않을까 노심초사했다. 수억 원이 넘는 물건을 사고파는 일이니 당연히 만만치 않은 게 맞지만 시장 상황과 규제 일변도의 정책까지 이래저래 상황이 쉽지 않았다.

필자는 우선 계약을 마친 다음 날 다시 한번 현장을 찾았다. 계약할 때 공인중개사의 전화를 받자마자 뛰어가 허겁지겁 계약했던 터라 혹시 놓친 건 없는지 꼼꼼하게 현장과 주변을 둘러봤다. 6개월 전부터 해당 아파트를 눈여겨보고 있었던 덕에 큰 변수는 없었다. 선호하는 동이 2개였는데 다행히 잡은 매물도 그 2개 동 중 하나였고, 굳이 따지면 좀 더 나은 동으로 평가되는 동이었다. 그렇게 생애 첫 주택 마련의 꿈이 상당히 가까워진 순간이었다. 2020년 5월 말에 계약했는데, 당시 2020년 초 잠깐 반등 후 서울 시내 아파트 가격이 꾸준히 떨어지고 있던 시점이었다. 한국부동산원 자료에 따르면 2020년 서울 아파트 값은 3월 다섯째 주 −0.02% 하락하며 9주 연속 떨어지고 있었다. 집값이 떨어지면서 거래 자체가 확실히 줄어든 상태였다. 3개월 가까이 집값이 떨어지고 거래가 줄어들면서 드디어 매수 기회가 찾아온 것이다. 좀 더 구체적으로 말하면 필자가 계약한 아파트는 정확히 4개월 전에 한 번 봤던 매물이었다. 당시에도 역시 예산보다 2천만~3천만 원 이상 비싸 도저히 잡을 수 없었는데 집값이 계속 조정되면서 기회가 찾아온 것이다.

부동산 시장에서 '내 집은 따로 있다.'라는 말이 있다. 인연이 닿을 집이라면 어떤 식으로든 연이 닿고, 그렇지 않으면 기회가 오지 않는다는 뜻이다. 사실 저자가 계약한 해당 집도 어쩌면 내 집이 될 운명이었는지 모른다. 그러니 희망을 잃지 말자. 이 세상 어딘가에 내 집은 반드시 있다.

아파트 계약을 끝내고 맞이한 6월, 한국부동산원의 자료에 따르면 서울 아파트 값의 변동률은 10주 만에 상승 전환했다. 우연 치고는 참 절묘한 타이밍이었다.

내 집 마련의
대전제

#예산마련 #자금조달 #잔금치르기 #쩐의전쟁

앞서 언급한 여러 가지 변수와 점검사항의 전제 조건이 있다. 사실 이번 장의 내용이 가장 중요한 선결 과제일 수도 있는데 일부러 조금 뒤로 내용을 뺐다. 이 내용으로 인해 집 사는 걸 포기해버릴까 우려해서다. 집을 사는 데 있어 가장 중요한 이야기, 바로 자금 조달이다. 물건을 사는 데 돈을 지불하는 것은 자본 시장에서의 가장 기본적인 원칙이다. 다만 적게는 수억 원, 많게는 수십억 원에 달하는 부동산 거래에는 대출을 통한 자금 조달이 가장 기본 중의 기본이다. 물론 현금이 많은 부자나 돈이 많은 자산가들이야 정말 현금 거래가 가능하겠지만 부자들도 대부분 대출을 껴서 집을 산다.

레버리지 투자라 불리는 대출 조달은 부동산 투자의 대원칙이다. 그런데 문제가 하나 있다. 부동산 시장의 상승기가 시작되면서 정부에서 대출 규제를 통해 브레이크를 걸었기 때문이다. 예를 들어 아이스크림 가격이 자꾸 올라 개당 1천만 원에 육박한다고 가정해 보자. 한여름 무더위에 사람들은 아이스크림을 사려고 줄을 섰다. 하지만 수요자가 더 급증해 아이스크림이 1억 원까지 오르면 어떻게 될까? 이런 문제를 막기 위해 가장 먼저 할 수 있는 규제가 바로 돈을 빌려주는 창구를 막아 원천적으로 아이스크림을 못 먹게 하는 것이다.

현재 부동산 시장은 규제로 뒤덮인 상황이다. 그 핵심인 대출 규제가 집을 사는 데 가장 큰 걸림돌이 되고 있다. 현재 서울 전 지역 아파트는 LTV 40%라는 규제가 걸려 있다. 특히 2020년 12·16 대책으로 15억 원 초과 초고가 아파트에 대해서는 주택담보대출이 전면 금지되었고, 9억 원 초과~15억 원 이하 아파트에 대해서는 9억 원까지 LTV 40%, 9억 원 초과~15억 원 이하 아파트에 대해서는 LTV 20%가 적용된다. 마지막으로 9억 원 이하 아파트의 경우 최대 40%의 LTV를 적용받는다. 14억 원짜리 아파트를 살 경우 9억 원까지 40%를 대출받고 9억 원 초과~14억 원 이하인 부분에 대해선 20%를 적용받아 총 4억 6천만 원까지 대출받을 수 있다. 전액에 대해 40% 대출이 허용되었던 기존의 대출액보다 1억 원이나 줄어든 셈이다.

　서울 전 지역은 투기과열지구이자 조정대상지역으로 지정되어 있어 대출 조건도 동일하게 적용받는다. 서울 주요 지역뿐만 아니라 경기도 및 일부 광역시 핵심지도 이러한 대출 규제를 적용받으니 참으로 대출받기 어려운 상황이다.

관건은
예산 마련

　집을 사겠다고 마음을 먹었다면 먼저 예산부터 짜는 게 최우선 과제다. 그래야 그 예산에 맞춰 지역을 고르고 면적을 고르는 등 구체적인 계획을 세울 수 있다. 가장 먼저 지금 가지고 있는 가용 자금부터 점검한다. 집을 사는 것은 살면서 겪는 큰 전쟁 중 하나다. 있는 힘껏 싸우고 임해야 승리를 쟁취할 수 있는 투쟁이기에 모든 가용자금을 탈탈 털어 얼마를 확보할 수 있는지부터 점검해야 한다. 시드머니의 싸움이 모든 투자의 성패를 좌우하는 가장 큰 변수인 만큼 놓치는 부분은 없는지 확인해보자.

　그다음 얼마나 대출을 일으킬지 부담 비율을 정해야 한다. 서울은 현재 LTV 제한으로 주택담보대출에 한계가 있다. 즉 9억 원 이하 아파트의 경우 집값의 40%만 대출이 가능하다는 뜻이다. 현금이 너무 많아 모든 집값을 가용자금으로 낸다면 더할 나위 없이 좋겠지만 그런 경우는 드물 것이다. 게다가 최근의 저금리 기조에서는 굳이 대출을 받지 않을 이유가 없다. 주택담보대출 금리가 최근 다소 오르기는 했지만 여전히 2~3% 사이를 오가고 있으니 적극적으로 대출을 활용하길 권한다.

시드머니가 부족하다면 이제 주택담보대출 외에 자금 조달을 어떻게 할 것인지가 관건이다. 재직 중인 회사에서 나오는 대출도 있을 것이고, 여전히 논란이 많지만 신용대출을 통한 자금 마련도 가능하다. 가족, 지인 등의 도움을 받아 돈을 구하는 것 역시 많이 쓰는 방법이다. 이 밖에도 다양한 방법으로 돈을 구할 수 있지만 간단하게 가장 일반적으로 쓰이는 방법만 살펴보면 다음과 같다.

먼저 주택담보대출은 여러 시중은행을 돌며 직접 방문해보고 금리 등을 비교하며 준비하면 된다. 통상 주거래은행에서 우대금리 혜택 등을 누리면 저렴한 대출 금리를 적용받을 수 있다. 또 금융사마다 다루는 상품이나 적용되는 금리가 조금씩 다르니 대출 상품을 비교해보는 것을 추천한다. 금리의 차이가 있을 뿐 대부분 대출금액 자체는 LTV 40%를 적용받아 사실상 동일하다. 그렇기에 공인중개사무소를 통해 대출상담사를 소개받는 방법도 있다. 대부분의 공인중개사무소에서 금융사별로 대출상담사를 소개해주기 때문에 이를 통해 비교하는 것이 더 수월할 수 있다. 주택담보대출은 계약서를 비롯한 서류를 가지고 금융권을 통해서 신청하면 된다. 큰 하자가 없다면 잔금을 치르는 당일 주택담보대출이 실행되고, 등기부등본에 해당 대출에 대한 담보 설정이 이뤄지면서 대출금이 집주인에게 전해진다.

두 번째로 재직 중인 회사나 기타 공식적인 방법으로 대출이 가능한지 점검해보는 것이다. 회사별로 직원 복지 차원에서 일부 주택 관련 대출 및 기타 대출 지원이 가능한지 반드시 확인해야 한다. 생각보다 이러한 제도가 있는지조차 모르는 사람이 의외로 많다. 공공기관이나 일반 기업에서도 직원 복지 차원에서 대출이 가능한 경우가 꽤 있다. 꼼꼼하게 찾아보고 티끌이라도 모아서 보태는 것이 현명하다는 점을 잊지 말자. 또 기업이나 기관에 따라 주거래 금융기관과 제휴해 활용할 수 있는 대출 및 금리 우대 상품도 있으니 잘 찾아보고 알아보자.

마지막으로 부모님을 비롯한 가족의 도움을 받는 것이다. 한 기자 선배는 우스갯소리로 이를 '향토론'이라고 표현했는데, 향토론을 얼마나 받느냐에 따라 급지가 달라질 수 있다. 하지만 각자 사정이 다를 테니 상황에 맞게 준비하는 것이 매우 중요하다. 특히 가족의 도움을 받을 경우 금전 거래를 소명하는 차용증 및 이자를 꼬박꼬박 내고 있다는 사실을 입증할 자료가 필요하니 이를 놓치지 말고 챙겨둬야 한다.

이 밖에도 다양한 자금 마련 방법과 수단이 있지만 이는 개개인의 사정에 따라 상이한 만큼 공통적인 부분만 설명했다. 최근 강화된 주택취득자금조달계획서를 잘 해결하기 위해서라도 꼼꼼하게 준비할 필요가 있다. 가능하면 모든 자금 마련 절차와 관련된 서류, 증빙자료 등은 모아두는 것이 편하다.

두 번의 전세살이로 기회를 만들다

필자의 경우 결혼 후 마련한 신혼집에서 두 차례 전세를 살았다. 즉 4년간 전셋집에 거주하며 부부가 꾸준히 모은 돈이 종잣돈이 되었다. 내 집 마련을 위해 재테크 차원에서 납입해온 펀드 등 간접투자상품도 정리했고, 소액이나마 적금으로 모아두던 돈까지 모조리 투입했다. 사실 결혼을 한 뒤 아내와 서로 월급을 공개하고 돈을 합치는 과정에서 다소 쭈뼛함이 있었지만 '내 집 마련'이라는 목표 아래 뜻을 모을 수 있었고, 다행히 생각보다 빨리 그 목표를 이룰 수 있었다.

모은 돈, 구할 수 있는 돈, 반드시 마련해야 하는 돈 등을 따지고 계산하면서 엑셀 작업을 수없이 반복했다. 그렇게 시드머니와 함께 주택담보대출 비율을 따져가며 예산을 잡았다. 그러면 추가 대출이 필요한 금액이 대략적으로 구체화된다. 이제부터는 소위 '쩐의 전쟁'이 시작된다. 일단 집이란 것이 단순히 집값만 내면 끝이 아니란 점도 뒤늦게 깨알았다. 취득세를 내야 하고, 복비라 불리는 중개보수를 지급해야 하고, 그 외 등기 및 기타 제반 비용이 만만 치 않게 들었다. 게다가 구축 아파트를 매입해 일부라도 인테리어 를 해야 한다면? 머릿속이 더욱 복잡해졌다.

자금 계획이 확실해지면 조금이나마 여유 있게 구할 수 있는 집, 정말 한 치의 오차도 없이 완벽하게 영혼을 끌어 모아야 매입할 수 있는 집 등 후보군이 정리된다. 문제는 미리 확인하고 시뮬레이션 했던 것과 달리 실제 진짜 그 돈을 마련하는 과정에서 문제가 생길 수 있다는 점이다. 모든 일이 계획대로 진행된다면 좋겠지만 변수 가 참 많은 일이다. 필자의 경우 한국언론진흥재단을 통해 일부 대 출을 진행할 계획이었다. 하지만 막상 계획한 것과 달리 대출을 받 으려니 주택 가격이 최대 6억 원 이하여야 한다는 조건을 뒤늦게 발견했다. 부주의에 의한 실수라면 실수지만 이처럼 변수가 다양 하기 때문에 사전에 꼼꼼히 확인해야 한다.

계약금을 이체하고 계약서를 손에 들면 참 많은 생각이 든다. 수 개월간 마음 졸이고 심각하게 고민했던 일이 서류 한 장으로 압축 되는 묘한 기분, 그리고 드디어 내 집이 생긴다는 뿌듯하고 뭉클한 감정이 뒤섞여 마음이 복잡할 것이다. 하지만 감상에 젖을 시간이 없다. 이제 내 집 마련을 마무리할 단계다. 7부 능선을 넘어 입주라 는 정상까지 멀지 않았다. 중도금과 잔금은 앞서 언급한 대로 계약 당사자 간의 합의로 결정하면 된다. 최근 비싸진 집값 탓에 매수인 입장에서는 잔금을 최대한 늘리고 중도금을 최소화하기를 희망하는 반면, 매도인 입장에서는 중도금을 최대한 많이 받고 잔금을 최소화하고 싶은 마음이 든다. 대개 센스 있는 공인중개사라면 이러한 양측의 마음을 잘 배려해 절충안을 내놓을 것이다. 다행히 요즘은 잔금 비중이 높아지는 것을 대체로 이해해주는 상황이다.

또한 주택담보대출은 잔금을 치를 때 실행하는 경우가 많아서 집값의 40%를 잔금일이 되어서야 납입하는 상황도 발생한다. 이처럼 중도금, 잔금일을 확정 짓고 나서는 나머지 자금이 문제 없이 공수될 수 있는지를 끊임없이 체크해야 한다. 그동안 혹시 관련 규제가 변경되지는 않았는지, 대출 관련 시장 분위기 및 금리 변동 등을 예의주시하며 촉각을 곤두세워야 한다. 중도금 납입의 경우 특별한 상황이 아니라면 돈을 입금하고 영수증을 끊는 것만으로 마무리된다. 매도인과 매수인이 만나서 처리하는 게 원칙이지만 상황에 따라 대리인이 나서기도 한다.

2020년 5월, 집 계약을 마치고 6월부터 집값이 다시 치솟자 국토교통부는 과열 요인 차단을 위해 6·17 대책을 발표했다. 이는 규제지역에 대해 거래가와 무관하게 주택취득자금조달계획서와 증빙서류 제출을 의무화하는 대책으로, 다행히 필자는 해당 정책 발표 불과 3주 전에 계약을 마침으로써 규제를 피했다. 이처럼 전문가조차 헷갈릴 정도로 규제 대책이 시시때때로 변동하는 만큼 주변의 말만 듣고, 블로그 자료만 믿고 판단을 내리면 큰 화를 입을 수 있다.

결전의 날,
잔금일

#9부능선 #잔금일 #취득세 #복비 #등기비용

잔금일이 다가오면 내 집 마련이 막바지로 치닫고 있다는 뜻이다. 이제 마지막 9부 능선이 코앞이다.

잔금 외 비용도
꼼꼼히 챙기자

마지막 최종 점검과 더불어 사소한 부분을 하나하나 챙겨야 할 시점이다. 우선 잔금일에 맞춰 주택담보대출 등 각종 자금 마련이 완벽하게 이뤄질 수 있도록 준비해야 한다. 다시 한번 금융기관과 관련 예산을 점검해 큰 문제가 없는지 체크한다. 또한 집을 사는 게 집값으로 끝나는 게 아니란 점을 상기하자. 우선 취득세를 해결해야 한다. 최근 아파트 가격이 급상승하면서 취득세 부담 역시 상당히 커진 상황이다. 특히 다주택자에 대한 취득세 부담이 대폭 커졌다. 다만 처음 내 집 마련에 나선 실거주 1주택자의 경우 취득세 규정이 특별히 강화되지는 않았다. 취득세와 함께 지방교육세와 농어촌특별세가 부과되므로 이 부분도 따져봐야 한다.

취득세를 마련했다면 이제 공인중개사에게 지급하는 소위 복비를 준비해야 한다. 집값이 상승하면서 복비 역시 무시하지 못할 만큼 커졌는데, 이 부분은 공인중개사와의 관계 등을 감안해 어느 정도 조율이 가능하니 계약 당시 구두로 사전 협의하는 것이 좋다. 현재 부동산 중개보수의 상한요율은 6억 원 이상~9억 원 미만의 경우 0.5%, 9억 원 이상은 0.9%다. 집값이 9억 원일 경우 무려 810만 원이란 뜻이다. 통상 공인중개사는 부가가치세를 별도로 받지만 이 부분은 충분히 협의 가능하며, 9억 원 초과일 시 0.5% 전후로 받는 공인중개사도 많으니 현장 상황과 분위기를 봐가며 결정하면 된다. 만약 공인중개사가 좋은 가격에 좋은 매물을 잘 구해줘 계약까지 이어졌다면 기분 좋게 복비를 좀 더 넉넉히 보태는 것도 한 방법이다.

마지막으로 점검해야 하는 것은 등기비용이다. 요즘에는 인터넷에 정보가 많아 소위 '셀프 등기'를 하는 경우도 많지만 시간이 없거나, 혹시 모를 변수를 줄이고 싶다면 법무사를 이용하는 것이 좋다. 등기와 관련해서는 대출과 마찬가지로 공인중개사를 통해 소개받아도 된다. 필자는 셀프 등기를 하는 것이 아니라면 등기비용을 서로 비교하는 사이트나 애플리케이션을 통해 견적을 낸 뒤 법무사에게 맡기는 것을 추천한다. 법무사를 이용할 경우 국민주택채권 발급비용 등도 함께 처리해준다. 만약 본인이 셀프 등기를 할 경우 직접 관할등기소를 찾아가 등기 절차와 국민주택채권액 업무 처리를 하면 된다. 요즘에는 셀프 등기를 하는 매수자가 워낙 많다 보니 등기소에서도 친절하게 방법과 절차를 안내해주는 편이다.

필자는 계약일에 제일 먼저 복비부터 해결했다. 일단 대략적인 금액을 정하고 날짜가 다가오면 확실히 금액을 확정 짓자고 했다. 중도금을 지불하는 날짜에 맞춰 최종 금액을 확정했고, 잔금일에 복비를 조금 깎으려 시도했으나 공인중개사 측에서 난색을 표했다. 고심 끝에 결국 좋은 계약을 성사시켜준 공인중개사의 마음을 헤아려 원하는 금액을 맞춰 지불했다. 다만 잔금을 지불하는 당일 지급하는 것이 아니라 입주 후 아파트 계약상 하자가 없는지 마저 확인한 후에 중개보수를 지급했다. 당연히 미리 알지 못하는 큰 사고가 날 확률은 적지만 어쨌든 확실히 확인한 후에 돈을 지불하는 게 안전하다.

그다음 취득세 등 관련 세금과 등기비용은 법무사를 통해 처리했다. 관련 애플리케이션을 통해 가장 저렴한 수수료를 부담하는 법무사를 선택해 미리 연락을 취했고, 잔금일에 공인중개사무소에서 만나기로 약속을 잡았다. 취득세 등 세금을 어떻게 낼지 미리 시뮬레이션을 해뒀고, 법무사 비용도 미리 준비해뒀다. 이 정도면 충분하다. 이제 잔금일만 오면 된다.

전세금의 10%를 미리 받는 방법

잔금일을 확정하면서 문제가 발생했다. 기존에 거주 중인 집의 전세를 빼는 날짜가 잔금일보다 두 달 정도 늦어진 것이다. 전세금 중 일부를 잔금에 써야 하는데 전세금을 뺄 수 없어 발을 동동 구르게 되었다. 무리해서 전세 만기일을 두 달가량 당기자니 신규 세입자를 구하는 복비를 필자가 부담해야 하는 상황이 발생했다. 게다가 그렇게 하려 해도 당장 세입자를 구하기가 쉽지 않았다. 참고로 통상 계약 만기일 전후 한 달 정도는 일반적인 만기일로 인정해준다. 사람이 하는 일이다 보니 모든 것을 칼처럼 끊어낼 수 없어 신규 세입자를 구하는 날짜를 정확히 맞추기 어렵기 때문이다. 하지만 그 기간이 한 달이 넘어가면 조금 묘한 상황으로 흘러간다.

이런 어려운 상황에서 고민하고 있던 와중에 세입자가 계약 만기 후 다른 곳으로 가게 될 경우 전세금의 10% 정도는 미리 돌려받을 수 있다는 이야기를 듣게 되었다. 정확하게는 신규 세입자를 구했을 경우 집주인이 신규 세입자로부터 계약금을 또 받기 때문에 그 계약금을 전 세입자인 필자에게 줄 수도 있다는 것이다. 이 부분은 법적으로 강제되는 규정이 아니라 관행적 성격을 띤 규정이다. 그래서 집주인이 굳이 그렇게 하고 싶지 않으면 안 해줘도 무방하다. 다행히 부동산을 통해 집주인에게 문의한 결과, 전세금의 10%를 미리 입금해주겠다는 답을 들었다. 운 좋게 신규 전세입자가 일찍 구해진 덕분이었다. 잔금을 치르기 위한 마지막 퍼즐이 하나씩 맞춰지는 상황이었다.

긴장되고 설레는
결전의 날

잔금일의 날이 밝았다. 가장 긴장되면서 설레는 날, 잔금일의 하루를 정리해본다. 먼저 이 날은 다시 오랜만에 매도인과 매수인이 한자리에서 만나는 날이다. 가장 중요한 만남이자 마지막 만남이 될 가능성이 높다. 미리 공인중개사를 통해 만날 시간을 정한다. 잔금일이란 뜻은 기존에 집에 살고 있던 집주인이 집을 빼주는 날이란 뜻이다. 집을 비워주는 것과 동시에 잔금을 지급하는 것이 일반적이다. 다만 실질적으로 이사가 아침부터 시작되어 낮이 되어야 끝나기 때문에 이사가 끝나기 직전인 오전 11시를 전후로 잔금 지급 절차가 이뤄진다. 원칙적으로는 이사가 다 끝난 뒤, 마지막으로 집을 점검해 이상이 없음을 확인한 뒤 잔금을 치르는 게 맞다.

오전 11시쯤 공인중개사무소로 가면 매도인과 매수인, 공인중개사 3인이 마주앉게 된다. 여기에 추가되는 사람은 주택담보대출 실행을 위한 금융권 관계자, 그리고 취득세 및 등기 업무를 처리하는 법무사 관계자 정도다. 잔금 절차는 대부분 능숙한 공인중개사의 진행 하에 이뤄지기 때문에 특별히 준비할 건 없다. 공인중개사와 은행, 법무사가 요청한 서류를 미리 준비해서 간 뒤 절차대로 진행한다. 주택담보대출이 실행되어 집주인에게 입금되고, 나머지 잔금을 집주인 계좌에 입금한다. 그렇게 잔금이 입금되는 사이 기존 집주인은 공과금 및 장기수선충당금 등 아파트 관리비와 관련된 정산을 진행한다. 이 역시 공인중개사와 아파트 관리사무소가 서류를 정리해 진행해주기 때문에 금액을 확인하고 점검하는 것으로 충분하다. 그렇게 잔금 입금이 마무리되면 법무사의 손이 바빠진다. 해당 금액을 바탕으로 취득세 납부 영수증을 발급해주고 국민채권업무를 마무리해준다. 이와 함께 관련 서류를 챙겨 아파트의 소유권이 매도인에서 매수인으로 넘어가는 공식 절차, 등기 업무를 처리한다.

취득세의 경우 현금 납부도 가능하지만 카드를 통해 할부로 납입할 수 있다. 최근 취득세가 워낙 비싼 까닭에 무이자 할부가 가능한 카드로 납부하는 것도 부담을 줄이는 한 방법이다. 이처럼 숙련된 전문가들의 주도 아래 드디어 잔금이 납부되고 소유권이 넘어가는 절차가 마무리 된다. 그렇게 서류 작업을 마무리하면 이사 준비가 끝나고 매수인의 자격은 이제 집주인으로 바뀌게 된다. 집 열쇠와 보안 관련 정보를 넘겨받음으로써 해당 집의 소유권이 완전히 옮겨지는 실무적인 절차가 마무리된다.

잔금일은 정말 무슨 일이 있었나 모를 정도로 정신 없었던 것 같다. 모든 일이 처음이다 보니 서툴고 어려웠다. 잔금 절차가 마무리되고 드디어 처음 생긴 내 집에 들어가려 했는데 아뿔싸, 비밀번호가 알려준 것과 달랐다. 기존 집주인이 지문인식 기능을 이용하다 보니 현관문 비밀번호를 헷갈린 것이다. 공인중개사를 통해 기존 집주인에게 연락하니 너무 오래되어 까먹었다는 답변이 돌아왔다. 결국 2시간 후 이사를 떠났던 집주인이 다시 돌아와 지문인식 기능을 삭제하고서야 집 안에 들어갈 수 있었다. 우여곡절 끝에 들어간 나의 첫 집. 참으로 감개무량한 기분이 들었다.

마무리가
중요하다

#입주절차 #인테리어업체 #인테리어견적 #시공

집을 사는 절차가 마무리되었다. 이제 입주까지의 절차만 남았다. 집을 사는 것보다야 긴장감이 떨어지지만 입주까지 마무리되어야 진짜 '끝'이라고 할 수 있다. 우선 매수한 집의 컨디션에 따라 인테리어 여부를 결정해야 한다. 구축을 샀다면 인테리어 문제를 좀 더 깊게 고민할 테고, 신축을 샀다면 인테리어 부담은 확실히 줄어들 것이다. 경우에 따라 구축이지만 이미 인테리어가 된 집을 매입하는 경우도 있다. 그러나 이러한 집은 기본적으로 시세에 비해 최소 2천만~5천만 원 이상 비싸게 거래되는 것이 다반사이기 때문에 인테리어 비용이 이미 매수가격에 포함되었을 가능성이 높다. 영혼을 끌어 모아 집을 샀다면 인테리어 비용조차 부담일 수 있다. 일단 살면서 고쳐나가겠다는 사람도 있을 것이다. 결국 인테리어는 선택의 문제다.

인테리어 업체, 어떻게 구해야 할까?

인테리어 업체를 구하는 방법도 각양각색이다. 우선 업계에서 유명한 인기 업체를 이용하는 방법이 있다. 해당 업체는 인기에 걸맞게 비용도 가장 비싸고 시기를 맞추기도 어렵지만 어쨌든 많은 사람이 만족하고 보증하는 업체일 가능성이 크다. 가성비는 떨어지지지만 가심비가 큰 업체인 셈이다. 두 번째로는 해당 지역에서 이름난 업체를 고르는 것이다. 아무래도 해당 지역에서 활동하는 업체의 경우 해당 아파트에 대한 시공 경험이 풍부할 것이다. 또한 한 지역에서 활동하기 때문에 업무 처리가 빠를 수 있다. 마지막으로는 해당 단지 상가나 주변 도보 거리에 있는 업체를 통해 진행하는 것이다. 아무래도 시간이 가장 덜 들고, 거리가 가장 가까운 업체인 만큼 이해도나 업무 처리가 능숙할 확률이 높다. 또한 상대적으로 가격도 가장 저렴할 가능성이 크다.

인테리어 절차를 간단히 소개하면 이렇다. 우선 다양한 후보군을 통해 업체를 몇 개로 압축한다. 요즘엔 인스타그램, 블로그 등 다양한 수단을 통해 업체들의 레퍼런스를 확인할 수 있다. 특히 해당 아파트 또는 주택에 대한 인테리어 경험이 있는지를 점검하고 비교하는 것이 좋다. 최근에는 유튜브를 통해 업체 홍보를 하는 경우도 많으니 보다 생생한 영상 자료로 업체를 선별할 수 있다.

이후 방향성이 맞는 몇 개 업체를 압축한 뒤 직접 연락을 취해 미팅을 잡아 상담을 받아보자. 어떤 인테리어를 할 것인지 방향, 디자인, 색감, 자재 등을 간단히 점검하고 대략적인 예산을 잡는다. 또 상담을 통해 업체 대표가 직접 실무를 담당하는지도 점검해야 한다. 업체에 따라 대표가 처음부터 끝까지 책임지고 인테리어를 진행하는 경우가 있는 반면, 대표는 전반적인 점검만 하고 실장이 실무를 총괄하는 경우도 있다. 이는 일의 책임 소재와 책임감의 문제와도 연결되기 때문에 반드시 점검해야 한다. 또한 인테리어 업체가 동시에 몇 개의 프로젝트를 진행하는지도 확인하자. 아무래도 현장에서 발생하는 다양한 변수를 꼼꼼하게 점검하고 책임지려면 동시에 3개 이상의 프로젝트를 진행하긴 어렵다. 해당 현장 1개 또는 최대 2개 정도까지는 괜찮지만 동시에 맡는 현장이 3개 이상이면 재고할 필요가 있다. 물론 시스템과 인력이 잘 갖춰져 있어 문제없이 진행할 수 있다면 안심하고 맡겨도 된다.

견적을 받은 뒤 예산 등을 감안해 인테리어 업체를 선정했다면 그다음 절차는 바로 실측이다. 미리 준비해야 하는 인테리어 작업의 특성상 현재 거주자가 있는 집에 방문해 실측 절차를 진행해야 정확하고 빈틈없는 준비가 가능하다. 도면에 나타난 숫자는 부정확할 수 있기 때문에 실측을 통해 직접 재보는 것이다. 현재 집에 살고 있는 세입자나 이사를 앞두고 있는 집주인 입장에서는 굳이 협조해야 할 이유가 없기에 사전에 양해를 잘 구해야 한다. 실제로 사생활 문제로 현장 실측을 거부하기도 한다. 이런 경우 양해를 구한다면 다행이고 아니면 결국 잔금을 치르고서야 실측을 하는 수밖에 없다.

실측 이후 세부 견적이 확정될 때쯤이면 인테리어의 방향도 거의 잡힐 것이고, 3D 모델링까지 이뤄질 것이다. 이제는 인테리어에 맞는 자재를 결정하는 순서다. 어떤 타일을 쓸 것인지, 부엌은 어떻게 할 것인지, 욕조와 싱크대는 어떤 걸 쓸 것인지, 조명과 도배지는 어떻게 하고, 바닥은 어떻게 할 것인지 등 계속해서 선택의 연속이다. 세부적으로 결정해야 할 사항이 많은 만큼 사전에 정보를 수집하고 원하는 모델명이 있다면 정리해두는 것이 도움이 된다. 자재까지 결정이 되면 준비는 거의 끝난 셈이다. 참고로 부엌이나 붙박이장 등 규모가 크고 집 인테리어에 많은 영향을 미치는 부분은 한샘, 현대리바트 등 잘 알려진 브랜드와 비교해보는 것 역시 좋은 방법이다.

인테리어의 반은
시공이다

자재까지 선택을 마치면 준비 작업은 끝났다. 이제는 공포의 시공 작업이 남았다. 인테리어는 결국 시공에 달려 있다. 예쁜 블로그 사진에 현혹되어 콘셉트를 잡는 일까지는 쉽다. 인테리어 업체 역시 사진대로 시공하는 것을 더 선호한다. 그래야 서로 간의 오차가 줄어들기 때문이다. 그러나 막상 시공 작업에 들어가면 참으로 많은 문제가 생긴다.

인테리어 시공은 인테리어 업체가 총괄하며 철거, 전기, 새시, 목공, 타일, 도배 등의 작업을 관리·감독한다. 하나하나 전부 전문성이 요구되는 작업이다 보니 인테리어 업체와 협력하는 전문가들이 매일 투입되어 작업을 진행한다. 이 과정에서 시공 절차가 계획대로 문제없이 진행되는지, 기존 계획과 달라지거나 잘못된 부분은 없는지를 점검하는 것이 인테리어 업체의 가장 중요한 일이다. 혹시 잘못 설치되거나 시공된 부분은 담당 전문가에게 시정을 요청하고 원하는 대로 정확히 마무리하는 것이 중요한데, 여기서 우리가 해야 할 일은 그러한 관리·감독 업무가 잘 진행되고 있는지 다시 한번 감수하는 것이다. 물론 너무 감시하듯이 감독하면 서로에게 피곤한 일이다. 어느 정도 신뢰에 기반해 틈틈이 관리·감독해야 큰 불상사를 막을 수 있다.

매일 현장을 찾아갈 필요까진 없지만 중요한 시공이 있는 날에는 시간을 내 간식도 사다 드리며 점검하는 것이 좋다. 인테리어 일도 사람이 하는 일인지라 실수가 있을 수 있고, 의사 전달에 문제가 있을 수도 있다. 무언가 잘못 돌아가면 시정을 요청하면 된다. 이렇게 공정대로 절차를 다 마무리한 뒤 최종 검수를 끝내고, 마지막으로 문제가 없음을 확인한 뒤 잔금을 치르면 인테리어의 대장정도 마무리된다.

최근 비싸진 인테리어 비용 탓에 셀프 인테리어를 진행하는 집도 상당히 많다. 카페와 SNS 등을 통해 정보를 얻을 수 있기 때문에 마음만 먹으면 가능한 일이다. 하지만 공정 하나하나를 본인이 책임지고 직접 진행해야 하는 만큼 많은 시간과 노력이 들어간다. 명심하자. 세상에 공짜는 없다 .

인테리어 업체를
잘 고르는 방법

필자가 매수한 집은 다행히 전 집주인이 한 차례 인테리어를 한 집이었다. 그래서 호가가 상대적으로 높았으나 타이밍 좋게 살짝 조정기에 집을 매수하면서 저렴한 가격에 살 수 있었다. 사실 인테리어 없이 살아도 아무 문제가 없을 정도였지만 그래도 아쉬움이 있을 것 같아 일부 인테리어를 다시 했다.

첫 번째 과제는 인테리어 시기를 정하는 것이다. 잔금일과 입주일 사이에 최소 2주는 있어야 인테리어를 진행할 수 있는데, 이 날짜를 원하는 시기에 정확히 맞추는 게 여간 쉬운 일이 아니다. 그렇기에 날짜를 조정하는 작업이 첫 번째 일이다

날짜를 확보했다면 인테리어 업체를 고르는 작업이 두 번째 과제다. 최근 인테리어에 대한 관심이 커지면서 인테리어 비용 역시 천정부지로 치솟고 있다. 부동산 시장이 뜨겁게 떠오르면서 인테리어 시장도 함께 커지고 있는 상황이다. 과거에는 인테리어 시 $3.3m^2$당 100만 원대에도 가능했지만 최근에는 150만 원이 기본이라고 한다. 많이 부르는 데는 100만 원 후반 대까지라고 하니 부담이 꽤 크다. 30평을 기준으로 단순 계산해도 평당 150만 원이면 4,500만 원이 든다. 이게 업계 평균이라고 하니 인테리어 업체를 잘 고르는 게 참 중요하다.

실제 필자의 최종 인테리어 업체 후보는 2곳이었다. 한 곳은 최근 업계에서 주목받는 유명 업체였고, 다른 한 곳은 현장 상담을 통해 처음 알게 된 실장님이었다. 당연히 전자는 가격 부담이 컸지만 일에 대한 자부심과 자신감이 엿보였고, 후자는 가격이 상대적으로 합리적이었고 맞춤형 작업이 가능하다는 점을 강조했다. 고심 끝에 선택한 곳은 후자였다. 한꺼번에 업무를 몰아서 하지 않아 업무 집중도가 높을 것이란 기대가 컸고, 전체 공사가 아니라 일부

분만 맡기는 만큼 꼼꼼하게 우리가 필요한 요소를 잘 챙겨주리라 기대했다. 실제 결과는 다행히 대만족이었다.

내 집에
입성하다

인테리어를 한다면 약 2~3주의 시간이 들었을 테고, 만약 따로 인테리어를 안 한다면 입주 청소 후 1~2일 만에 입주했을 것이다. 케케묵은 먼지를 제거하고 정리하는 입주청소 역시 필수 코스 중 하나다. 이 또한 공인중개사를 통해 소개받거나 간단히 검색만 해도 금방 관련 업체를 찾을 수 있다.

이사는 보통 오전과 오후 일정으로 나뉜다. 오전에는 전에 살던 집에서 이삿짐을 빼오는 과정을 진행하고, 오후에는 그 짐을 새로운 집으로 들이게 된다. 이사 업체는 이사 두 달 전쯤에 예약을 하면 된다. 우선 문자 또는 유선으로 문의를 한 뒤 업체를 정하면 현장 견적이 나온다. 아직 입주 전인 상태에서는 옮길 짐이 얼마나 되는지, 이사 갈 집의 크기가 어떤지 등을 따진다. 또 현재 집과 이사 갈 집이 몇 층인지에 따라 사다리차 이용료 등이 달라진다. 가능하면 몇 명의 인원이 이사를 돕는지 확인해보는 것이 좋다. 집의 크기와 짐의 규모에 따라 다른데, 대부분 부엌의 그릇 등을 챙기는 여직원 한 분과 건장한 남성들이 한 조를 이뤄 움직인다. 업체 지정 후 예약금을 걸어두면 이삿날까지 따로 크게 준비할 것은 없다.

그렇게 이삿날 아침이 밝는다. 이르면 오전 7~8시 사이에 이사 업체가 현장에 도착할 것이다. 요즘 이사는 과거와 달리 정말 아무 것도 정리해놓지 않아도 현재의 짐을 그대로 잘 옮겨준다. 그냥 크게 주의해야 할 부분만 점검하고 확인해주는 것으로 충분하다. 그리고 이삿짐이 빠지는 사이 관리사무소를 찾아가 장기수선충당금을 돌려받고 관리비 정산을 마무리하면 된다. 또 이삿짐이 거의 다 빠져나갈 때쯤 임대차를 내어준 집주인과 논의해 나머지 보증금을 돌려받으면 된다. 혹시 대형폐기물이 있다면 미리 동네 주민센터를 찾아 대형폐기물 스티커를 발급받아 부착해두면 된다. 이후 해당 집의 열쇠를 반납하면 옛집과의 인연은 마무리된다.

이삿짐은 얼추 오전이면 다 빠져나간다. 떠나기 전 빠트린 게 없는지 다시 한번 점검한 뒤 새로운 집으로 이동한다. 미리 인테리어나 입주 청소를 깨끗하게 끝내놨다면 어디에 무엇을 놓고 배치할지도 어느 정도 윤곽이 잡혀 있을 것이다. 어디에다 놓아달라고 말하면 전문가들이 딱딱 맞춰서 갖다 놓고, 설치하고, 옮겨준다. 그렇게 해질녘이면 이삿짐 들이는 작업도 대부분 마무리될 것이다. 드디어 길고 긴 마라톤 같은 내 집 마련의 여정이 끝났다. 부동산에 대해 아무것도 모르던 우리가, 이제 엄연히 자신의 명의로 된 집을 갖게 된 것이다.

5장

미래의 부를 위한
1만 시간의 원칙

"선천적으로 현명한 사람은 없다.
시간이 모든 것을 완성한다."
_미겔 세르반테스(Miguel Cervantes)

수요와 공급, 시장의 원리

#수요 #공급 #시장을 #발목잡는 #분양가상한제

2021년 4월 29일, 오세훈 서울시장은 서울시청에서 주택 시장 안정화를 위한 긴급 브리핑을 열었다. 그는 집값 상승 배경에 대해 "문재인 정부 출범 이후 부동산 시장의 수급 균형이 무너졌기 때문이다."라며 "지난 10여 년간 아파트의 공급이 크게 줄면서 서울 지역 아파트 매매가격 상승뿐만 아니라 전세가격 상승으로 이어졌다."라고 서울 집값 상승의 원인을 진단했다. 부동산 시장을 쥐락펴락하는 공급량. 공급량이 진짜 집값을 결정할까?

가격을 결정 짓는
수요와 공급

수요와 공급은 시장의 가격을 결정 짓는 핵심 요소다. 시장가격은 수요와 공급이 일치하는 그 균형점에서 이뤄진다. 공급량보다 수요량이 많으면 가격이 올라가고, 그 반대의 경우 가격이 떨어지는 것은 상식적인 이치다. 가격적 측면에서 바라보면 가격이 오르면 수요는 줄어들고 공급은 늘어날 것이다. 반대로 가격이 떨어지면 수요가 늘어나고 공급은 줄어들 것이다. 경제학의 기초적인 원리이자 상식적인 방정식인 수요와 공급의 논리는 주택 거래 시장

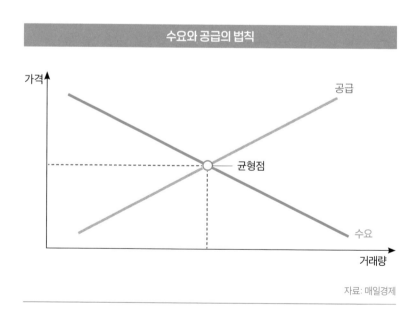

수요와 공급의 법칙

자료: 매일경제

에서도 당연히 적용된다. 실제 사람들이 거주하는 주택을 사고파는 시장 거래적 측면에서 바라보면 집을 사려는 사람이 집을 팔려는 사람보다 많으면 집값이 오르게 된다. 이런 시장을 집값 상승기이자 매도인 우세장이라고 한다. 반대로 집을 사려는 사람은 적고 팔려는 사람이 더 많을 경우 자연스럽게 집값은 떨어질 것이다. 이런 시장을 집값 하락기이자 매수인 우세장이라고 한다.

신축 주택을 공급하는 측면에서 바라보면 주택 공급이 어떻게, 어느 정도 이뤄지느냐에 따라 시장의 향방이 결정된다고 볼 수 있다. 즉 서울 및 주요 수도권을 기준으로 보면 언제나 수요는 넘쳐난다. 내 집을 갖고 싶은 사람들은 항상 줄을 서서 대기하고 있다. 이러한 갈증을 얼마나 적절하게 해소할 수 있느냐가 집값의 등락을 결정 짓는 것이다.

부동산 분야의 다양한 전문가들은 각자의 논리와 방식에 따라 시장을 예측한다. 여러 변수와 심리, 데이터 등을 기반으로 시장을 예측하지만 소위 '고수'라 불리는 그들이 공통적으로 언급하는 것은 바로 수급 문제다. 심지어 한 전문가는 부동산 시장의 가격은 공급량만으로 완벽히 예측이 가능하다는 주장을 펼치기도 한다. 그만큼 부동산 시장에서도 수요와 공급의 원리가 매우 중요하게 적용되고 있다는 것이다. 이를 거꾸로 해석하면 현재 수년째 이어지고 있는 집값 상승 랠리를 멈출 수 있는 유일한 방법은 공급량을 늘리는 것이란 의미이기도 하다. 〈매일경제〉가 매년, 매 분기 조사하는 전문가 50인 설문조사에서도 가장 많은 전문가가 집값을 잡는 가장 빠르면서 유일한 방법을 '공급량 확대'로 꼽았다.

이번 정부 들어 서울시는 용산, 여의도 통합개발을 발표한 바 있다. 용산과 여의도라는 서울의 핵심 도심지의 통합개발 뉴스는 부동산 시장을 뜨겁게 달구는 대형 호재였다. 당장 용산구와 여의도 일대 아파트 가격의 호가가 수억 원씩 치솟았고, 결국 국토교통부가 수습에 나서며 사실상 없던 일로 일단락되었다. 정확히 표현하면 개발계획이 잠정 중단된 것이다. 이것이 결국 공급의 딜레마다. '공급량 확대=지역 개발'이라는 프레임에 갇혀 있다 보니 공급량을 늘리겠다는 목표로 재건축·재개발에 속도를 낸다는 것이 결코 쉬운 일은 아니다. 그렇다고 당장의 집값이 우려되어 개발을 미룬다면 공급량은 가파르게 줄어들 수밖에 없다.

왜 공급량은 충분하지 못할까?

분양가를 조금이라도 높이려는 건설사 측과 정부 측의 신경전도 공급을 가로막는 큰 숙제다. 아파트 분양 시 정부에서 산정한 기준에 따라 분양가의 상한액이 제한되는 '분양가 상한제'가 그 문제의 핵심이다. 지난 2020년 7월부터 시행된 민간택지 분양가 상한제가 적용된 지역은 서울, 경기도 322개 동이다. 종로, 금천, 관악, 구로, 도봉, 강북, 중랑구를 제외한 서울 지역 대부분에서 실시되고 있으며, 경기도에서는 하남, 과천, 광명의 일부 지역에서 시행되고 있다.

기존에는 공공택지만 분양가 상한제를 도입했으나 지속적인 집값 상승으로 결국 재건축·재개발을 시행하는 민간택지까지 분양가 상한제를 적용하기로 한 것이다. 신규 일반분양으로 발생한 수익으로 조합원의 아파트 건축비를 충당하는 재건축·재개발 사업의 특성을 고려하면 사실상 정부가 민간사업에 손을 대 재산권을 침해한다는 논란이 발생하고 있다. 특히 분양가 상한제를 적용할 경우 주변 시세보다 현저히 낮은 가격에 분양이 이뤄지는 결과를 초래할 수밖에 없어 '로또 청약'을 야기하게 된다.

2020년 10월 분양가 상한제 시행 이후 첫 번째 분양 단지인 서초구 서초동 '서초자이르네'는 1순위 청약에서 평균 300.2 대 1의 경쟁률을 기록했다. 이어 SG신성건설이 서울 강동구 고덕동에 공급한 '고덕아르테스 미소지움'은 서울 역대 최고인 537.1 대 1의 경쟁률을 기록하며 신기록을 세웠다. 해당 단지는 분양가 상한제 적용 이후 두 번째로 분양한 단지다. 고덕아르테스 미소지움의 분양가는 3.3m^{2}당 2,569만 원으로 책정되었다. 전용면적 59m^{2}가 6억 8,300만 원 정도이며, 전용면적 84m^{2}는 최고 분양가가 8억 6,600만 원이다. 인근 고덕동 '고덕아이파크' 전용면적 84m^{2}의 시세가 15억~16억 원대인 것을 고려하면 반값에 가까운 분양가인 것이다. 이렇다 보니 26가구밖에 모집하지 않았음에도 불구하고 1만 3,964명이 지원하는 역대급 경쟁률을 보였다.

분양가 상한제 시행을 놓고 갈등이 심화되면서 아예 분양 자체를 미루는 단지도 나오고 있다. 단군 이래 최대 분양 단지라고 불리는 둔촌주공이 대표적이다. 일반적인 재건축 단지 십수 개를 합친 것보다 많은 물량이다 보니 시장의 기대감이 워낙 컸는데, 해당 단지는 분양가 상한제로 인한 갈등을 봉합하지 못한 채 일반분양 일정이 1년 이상 늦춰지고 있다. 이처럼 시급한 공급이 필요함에도 정책적 이슈로 곳곳에서 공급이 지체되고 있는 상황이다.

결국 오세훈 서울시장은 압구정, 여의도, 목동 등을 '토지 거래 허가제' 지역으로 지정한 뒤 재건축 규제를 완화하는 투 트랙 전략으로 공급량 확대 및 집값 안정을 꾀하고자 했다. 이러한 정책이 실효성을 거둘지는 지켜봐야겠지만 궁극적으로 집값을 폭등시키지 않으면서 공급량을 늘리는 것이 시장 안정의 핵심이라는 점은 분명해 보인다.

공급이 효과를 보인 사례를 살펴보자. 서울 및 수도권 아파트 전세가격이 고공행진을 이어가는 가운데 최근 경기도 과천시와 하남시의 전셋값이 유독 약세를 보이고 있는 이유도 바로 공급 때문이다. 과천시는 2020년 12월부터, 하남시는 2021년 2월부터 전셋값 변동률이 마이너스를 기록하고 있다. 2021년 4월 말 기준 각

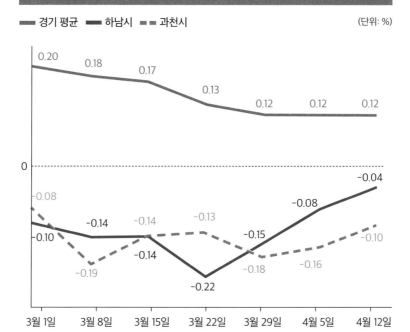

자료: 한국부동산원

각 18주, 10주 연속으로 마이너스를 기록 중이다. 올해 전셋값 누적 하락률은 과천시가 -1.60%, 하남시가 -0.83%에 이른다. 규제 지역 중 전셋값이 떨어진 곳은 과천과 하남뿐이었다. 최근 몇 년간 누적된 공급량이 쌓인 가운데 올해 본격적으로 입주가 이어지며 전세 시장이 안정세를 보인 것이다. 입주가 이어지는 시기에는 아무래도 자금이 부족한 집주인들이 실입주 대신 곧바로 전세를 돌리는 경우가 상대적으로 많아 전세 매물 자체가 풍부하다. 그 결과 전세 수요 대비 공급이 풍부해지며 전세가격이 안정화된 것이다.

재미있는 점은 전세가격이 안정화될수록 집값 변동 추이에도 긍정적인 영향을 미친다는 것이다. 즉 전세가 안정되어야 매매가격에 흔들림이 없고, 반대로 매매가격이 안정되면 전세가가 크게 흔들릴 수 없다. 공급량의 추이가 시장가격에 지대한 영향을 미친다는 사실을 반드시 파악하고 있어야 하는 이유다.

3기 신도시의
미래

#수요와공급 #불균형 #관건은 #타이밍

정부 차원에서 공급량 문제를 해결하기 위해 내놓은 핵심 정책이 바로 3기 신도시다. 3기 신도시는 2018년 9·21 대책에서 처음 발표되면서 수면 위로 떠올랐다. 가파른 집값 상승을 잡기 위한 열쇠로 공급량 확대의 중요성이 커지자 정부가 결단을 내린 것이다. 정부에서는 남양주 왕숙지구, 하남 교산지구, 인천 계양지구, 고양 창릉지구, 안산 장상지구, 부천 대장지구, 과천 과천지구, 광명 시흥 등 수도권 3기 신도시를 순차적으로 발표했다.

정부 발표대로 추진된다면 3기 신도시 24만 8천 호와 대규모 택지 2만 1천 호 등 총 26만 9천 호의 신규 주택이 수도권에 공급되는 셈이다. 정부는 서울 도심까지 30분대 출퇴근이 가능한 도시를 주변 시세보다 낮은 가격으로 공급하는 것을 목표로 3기 신도시 조성에 나섰다. 또 양질의 일자리로 가득한 활기찬 도시, 아이 키우기 좋은 환경을 갖춘 도시로 개발하겠다는 청사진을 밝혔다.

문제는 공급 시기다. 현재 논의되는 수요와 공급의 불균형 문제는 10년 뒤의 이야기가 아니다. 당장 오늘, 내일 살아야 할 집이 부족한 상황이다.

3기 신도시는 과연 타이밍을 맞출 수 있을까?

현재 3기 신도시 계획이 예정대로 추진된다고 해도 처음 입주가 가능한 시점은 빠르면 2026년이다. 대부분 2028년에 입주가 계획되어 있고 늦은 곳은 2031년에야 마무리된다. 정책은 타이밍이 생명이다. 5년 후, 10년 후 입주가 가능하다 보니 당장 급한 불을 끌 수 있을지에 대한 우려가 커지고 있다. 또한 3기 신도시 후보지 주민들의 반발 역시 거세다. 택지 개발 사업의 숙명이기도 한 원주민과의 갈등 및 보상 문제를 잘 해결하지 않으면 추진 절차가 더뎌질 수도 있기 때문이다.

이런 가운데 2021년 3월 LH한국토지주택공사의 투기 의혹 사태가 터졌다. LH한국토지주택공사의 한 간부가 3기 신도시 중 최대 규모인 광명 시흥 신도시 사업 지역에 100억 원대의 토지를 투기성으로 매입했다는 의혹이 제기된 것이다. 이후 창릉 신도시, 왕숙 신도시, 과천 신도시 등 3기 신도시 관련 투기 논란이 줄줄이 터지면서 3기 신도시 조성 계획에 찬물을 끼얹었다. 예정대로 공급되어도 부작용이 우려되는 마당에 그 추진 동력조차 사실상 꺼트려버릴 정도의 대형 사고가 터지면서, 3기 신도시의 운명은 한치 앞도 바라보기 힘든 상황이 되었다.

중장기적 관점에서는 분명 3기 신도시 공급이 큰 힘이 될 것이다. 1기 신도시가 그랬고 2기 신도시가 그랬듯이 3기 신도시 역시 완성되고 사람들이 살기 시작하면 새로운 판이 만들어질 것이다. 하지만 당장 급한 불을 시의적절하게 끌 수 있을지는 여전히 미지수다.

이처럼 3기 신도시에 대한 의견이 분분한 가운데 1차 지구 청약 접수는 성공리에 마감되었다. 실수요자들의 갈증이 그만큼 컸다는 방증이다. 4,333호가 공급된 1차 지구 청약에는 총 9만 3,798명이 지원하며 21.7 대 1의 높은 경쟁률을 기록했다. 28가구가 공급된 인천 계양 전용면적 84m²에는 1만 670명이 청약하며 가장 높은 381.1 대 1의 경쟁률을 보였다. 그 외 대부분의 단지에서 수십 대 1의 경쟁률을 보이며 내 집 마련의 열기가 여전히 뜨겁다는 것을 증명했다. 이처럼 내 집 마련의 열망이 높은 상황에서 중단기적인 공급 문제를 어떻게 풀어갈지가 정부의 과제로 남을 것으로 보인다.

부동산을
움직이는 금리

#제로금리 #금리와 #집값의 #상관관계

코로나19 사태의 충격이 본격화된 2020년 3월, 한국은행은 기준금리를 1.25%에서 0.75%로 내리며 유래 없는 제로금리 시대의 문을 열었다. 이어 2020년 5월 0.5%로 0.25%p를 추가 인하한 뒤 14개월간 이를 유지했고, 2021년 8월 금리를 전격적으로 0.25%p 인상했다. 이번 인상으로 이제 다시 제로보다 1%에 가까운 기준금리가 된 것이다. 2021년 10월 이주열 한국은행 총재는 0.75%인 기준금리를 동결하기로 한 직후 "지난 8월 금리 인상으로 실물경제가 큰 영향을 받았다고 생각하지 않는다."라는 소회를 밝혔다.

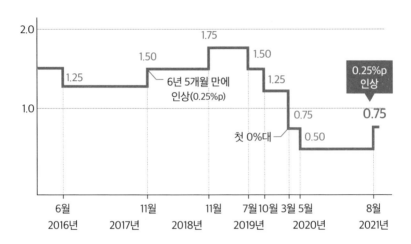

(단위: %)

2.0

1.25

1.50

6년 5개월 만에
인상(0.25%p)

1.75

1.50

1.25

0.25%p
인상

1.0

0.75

0.75

첫 0%대

0.50

6월
2016년

11월
2017년

11월
2018년

7월 10월
2019년

3월 5월
2020년

8월
2021년

자료: 한국은행

전 세계 어디서든 부동산은 가장 비싼 재화 중 하나다. 즉 돈을 모아서 집을 산다는 건 쉽지 않은 일이고 자연스레 대출을 동원하게 된다. 금융기관의 대출금리가 집을 사는 데 지대한 영향을 미칠 수밖에 없다는 의미다. 금리가 낮으면 대출에 대한 부담이 적은 만큼 주택 구입이 수월해질 것이고, 이는 부동산 수요의 증가로 이어진다. 반대로 금리가 올라가면 당연히 부동산 매입의 허들은 높아지고 부동산 가격에 부정적인 영향을 미친다. 이처럼 금리와 집값의 상관관계는 일차원적으로는 반비례 관계를 보이는 게 일반적이다.

금리가 시장에
미치는 영향

〈매일경제〉에 따르면 한국은행의 가계부채 분석 결과, 기준금리 0.25%p 인상 시 가계의 이자 부담은 무려 3조 1천억 원가량 늘어난다고 한다. 기준금리가 1%p 오를 경우 이자 부담은 더 커져 11조 8천억 원까지 확대된다. 가구별로 따지면 연간 이자 부담액은 종전 248만 6천 원에서 271만 2천 원으로 약 22만 6천 원 늘어난 셈이다. 한국은행은 올해 본격적으로 부동산 가계부채 부담을 주요 이유로 꼽으며 금리 인상 시기를 저울질했다. 비로소 그 결단이 2021년 8월에 이뤄진 것이다. 한국은행은 기준금리가 0.25%p 더 오른 1%가 되더라도 가계가 감당할 수 있을 것이라고 밝혔지만 대출 이자 부담에 대한 우려는 즉시 현실화되었다.

기준금리가 오르자 시중은행은 일제히 신용대출, 전세 대출, 주택담보대출 등 각종 대출의 금리를 인상했다. 이뿐만 아니라 정부가 운용 중인 주택담보대출 '보금자리론' 등 정부 대출 역시 일제히 금리를 인상해 서민 실수요자의 부담까지 확대된 양상이다. 한국은행은 연내 추가 인상을 시사하며 본격적인 제로금리 시대의 마감을 예고했다. 이주열 한국은행 총재는 "기준금리 인상 후에도 여전히 금리 수준은 완화적이다."라며 "추가 금리 조정 시기는 코로나19가 경제에 줄 영향과 주요국 정책 변화 등을 살펴봐야 하지만 지체하지 않을 것."이라고 밝혔다.

금리 추가 인상이 현실화된다면 이러한 이자 부담은 고스란히 실수요자에게 전가될 가능성이 높다. 최근 시중은행은 일반 대출뿐만 아니라 전세 대출 옥죄기를 통해 시장 긴장감을 높이고 있는 상태다. 즉 금리 변화가 시장에 미치는 영향이 웬만한 부동산 대책보다 크다는 뜻이다. 자산 수익률의 관점에서도 변화는 크다. 예를 들어 예금 금리가 1%고, 3억 원짜리 오피스텔의 수익률이 4%라고 가정해보자. 그럼 예금을 하는 것보다는 수익형 부동산 투자로 임대 수입을 올리는 게 더 합리적인 결정일 것이다. 그런데 반대로 금리가 이러한 수익형 부동산의 수익률보다 높아지면 어떻게 될까? 당연히 부동산 수요는 현저히 줄어들 것이다.

하지만 앞서 수요와 공급의 논리와 마찬가지로 금리와 부동산 가격의 관계도 그리 단순하지만은 않다. 당장 현재의 저금리 기조를 살펴봐도 그렇다. 미국을 비롯해 한국 등 글로벌 시장의 제로금리 기조는 코로나19 바이러스가 불러온 반작용이다. 코로나19 공포가 전 세계를 덮치며 경기 불황에 대한 위기감이 커졌고, 이에 선제적으로 유동성 공급을 확대해 경기 부양에 나선 것이 금리 인하의 배경이다. 즉 현재의 금리 인하가 단순히 집을 사기 좋은 대출 환경만을 제공하는 것이 아니란 의미다. 특히 코로나19 이전부터 집값이 달아올랐던 국내 상황을 고려하면, 이러한 상승장의 피로도가 수년간 누적된 시기에 코로나19로 인한 금리 인하까지 겹

치니 많은 혼란이 초래되었던 것이다.

　부동산 가격 상승을 막기 위해 정부에서 대출 규제를 강화한 상태다 보니 제로금리라는 이유만으로 부동산을 사기에 좋다고 말하기 조심스럽기도 하다. 여전히 서울에서 살고 싶어 하는 사람들은 많지만 그들을 위한 양질의 주택 공급은 부족한 상태다. 즉 여전히 수급 문제가 집값의 향방을 결정 짓는 중요한 기준점으로 작용하고 있는 게 현실이다.

미국의 금리에 주목해야 하는 이유

　글로벌 경제의 키를 쥐고 있는 미국의 기준금리도 주목해야 한다. 미국 연방준비제도(이하 연준)는 2023년까지 제로금리 기조를 유지하겠다는 방침을 시사하고 있다. 현재 기준금리 0.00~0.25%를 유지 중인 미 연준이 공개한 점도표에 따르면 FOMC 위원 17명 중 13명이 2023년까지 현재 수준의 금리를 유지할 것으로 전망했다. 제롬 파월 연준 의장은 제로금리 유지 조건으로 물가상승률이 평균 2%까지 도달한 뒤 2%를 완만하게 웃돌고, 노동 시장 상황이 FOMC가 판단한 완전 고용 수준으로 회복되는 것을 내세운 상태다.

현재 시장은 제로금리로 인한 유동성과 경제 위기에 대한 공포 감이 서로 맞불을 놓으며 줄다리기를 하고 있다고 비유할 수 있다. 과거 미국 서브프라임 모기지 사태 역시 오랜 기간 지속되었던 저 금리 기조가 한몫했다고 볼 수 있다. 오랜 저금리 분위기 속에서 넘치는 유동성이 미국 부동산 시장으로 흘러 들어갔고, 그렇게 쌓 인 버블이 금리 인상 등 대외 변수에 한순간에 휘청거리며 도미노 식 파산으로 이어졌다는 점을 결코 잊어서는 안 된다.

언젠가는 금리가 어느 방향으로든 움직이긴 할 것이다. 또 다른 예상하지 못한 변수가 더 큰 경제위기로 이어질 수도 있고, 경제가 잘 회복되어 금리 인상이 이뤄질 수도 있다. 다만 그러한 상황 변 화가 부동산 가격에 어떤 식으로 영향을 미칠지는 그 누구도 쉽게 예측할 수 없다. 그러니 항상 금리 변화와 그 영향을 예의주시하자. 그것만이 가장 안전한 방법이다.

현명한 투자자를 위한
부동산 기사 독법

#정보과잉 #올바른 #부동산기사 #독법

지금은 정보 과잉의 시대다. 정보가 부족해서 투자를 잘못했다는 말보다는 정보가 너무 많아서 제대로 투자할 수 없었다는 말이 더 와 닿을 것이다. 물론 당연히 아직도 소수가 갖고 있는 고급 정보와 개발계획으로 투자의 성패가 판가름 나기도 한다. 실제로 LH한국토지주택공사 사태가 대표적인 예다. 그러나 소수만이 갖고 있는 '비밀 정보'는 일반 개인 투자자 또는 실거주 수요자에게는 거리가 먼 이야기다. 내 집 한 채 마련하기 위해 필요한 정보는 인터넷에서 충분히 넘치게 찾을 수 있다. 넘치는 정보를 어떻게 선별해서 수용해야 할지는 전적으로 본인에게 달려 있다. 현직 경제신문 기자이자 부동산부에서 활동했던 필자의 경험을 바탕으로 '부동산 기사 읽는 법'을 소개하겠다.

부동산 뉴스 선별하기

뉴스를 접하는 방법은 다양하다. 먼저 정부나 지방자치단체가 발표하는 부동산 관련 발표를 직접 또는 자료 형태로 접하면 무엇보다 정확한 정보를 얻을 수 있다. 또 부동산 관련 공공기관이나 민간 기업의 세미나 또는 발표 자료를 입수할 수도 있다. 개발 현장이나 아파트 단지를 직접 찾아가 공인중개사와 같은 현지 전문가들의 생생한 목소리를 듣는 것도 가능하다. 이처럼 생생한 뉴스를 직접 발품을 팔아 얻는다면 가장 정확하고 따끈따끈한 정보를 빠르게 취득할 수 있다. 하지만 전문 투자자나 현업 종사자가 아닌 이상 이는 불가능한 일이다.

정보를 접하는 가장 효율적인 방법은 바로 언론사 뉴스와 보도를 통해 정보를 얻는 것이다. 기자들은 매일 직접 국토교통부의 발표를 듣고, 관련 기관의 세미나에 참여하고, 현장 전문가를 만나 신속하게 정보를 정리해 글과 방송으로 보도한다. 물론 요즘처럼 일반인 전문가가 넘쳐나는 시대에는 이러한 정보를 접하는 다른 수단도 많지만, 넘쳐나는 정보의 홍수 속에서 그나마 언론사가 가지고 있는 공신력이라는 힘을 절대 무시할 수는 없다. 블로그와 카페에 넘쳐나는 정보 중에는 이미 유통기한이 지난 정책이거나, 팩트와 다른 글이 꽤 많기 때문이다.

언론사 뉴스를 보는 방법도 많다. 가장 보편적인 방법은 관련 신문이나 종합지를 사서 부동산면 또는 경제 섹션을 보는 것이다. 〈조선일보〉〈한겨레〉 등의 종합지는 부동산 섹터가 따로 있지 않고 경제 관련 뉴스와 부동산 소식이 뒤섞여 보도되기 때문에 가능하다면 〈매일경제〉〈한국경제〉 등의 경제지를 보는 것이 낫다. 경제지의 경우 부동산 지면이 따로 할애되어 있고 경제 관련 뉴스가 상대적으로 더 많아 유용하기 때문이다.

직접 지면을 볼 수 없는 상황이라면 온라인 뉴스 형태로 찾아보는 것도 가능하다. 특히 포털사이트를 통해 뉴스를 보다 수월하게 볼 수 있다. 네이버의 언론사 뉴스 홈 사이트(news.naver.com/main/officeList.naver)에 접속하면 매일 언론사별 지면 뉴스를 체계적으로 볼 수 있다. 언론사를 정하고 '지면 보기'를 선택한 뒤 부동산면 기사를 보면 된다. 국내 경제지 3~4곳 정도의 기사만 살펴봐도 그날 뉴스는 거의 놓치지 않고 다 챙겨볼 수 있다.

아예 부동산 뉴스만 따로 모아 보는 방법도 있다. 네이버뿐만 아니라 다음 역시 부동산 뉴스를 따로 모아놓고 볼 수 있는 서비스를

언론사 뉴스

신문 게재된 기사 정보 표시합니다.

종합	경향신문 📰	국민일보 📰	동아일보 📰	문화일보 📰
	서울신문 📰	세계일보 📰	조선일보 📰	중앙일보 📰
	한겨레 📰	한국일보 📰		
방송/통신	뉴스1	뉴시스	연합뉴스	연합뉴스TV
	채널A	한국경제TV	JTBC	KBS
	MBC	MBN	SBS	SBS Biz
	TV조선	YTN		
경제	매일경제 📰	머니투데이 📰	비즈니스워치	서울경제 📰
	아시아경제 📰	이데일리 📰	조선비즈	조세일보
	파이낸셜뉴스 📰	한국경제 📰	헤럴드경제 📰	
인터넷	노컷뉴스	더팩트	데일리안	머니S
	미디어오늘	아이뉴스24	오마이뉴스	프레시안
IT	디지털데일리	디지털타임스 📰	블로터	전자신문 📰
	ZDNet Korea			
매거진	레이디경향	매경이코노미	시사IN	시사저널
	신동아	월간 산	이코노미스트	주간경향
	주간동아	주간조선	중앙SUNDAY 📰	한겨레21
	한경비즈니스			
전문지	기자협회보	뉴스타파	동아사이언스	여성신문
	일다	코리아중앙데일리 📰	코리아헤럴드 📰	코메디닷컴
	헬스조선			

▶ 네이버 언론사 뉴스 홈 화면

제공한다. 해당 페이지에서 관심 있는 뉴스 중심으로 살펴보면 필요한 정보를 충분히 찾아볼 수 있다. 다음의 경우 정책과 현안별로 뉴스를 분류해 제공하는 '핫이슈' 코너와 정부의 정책 자료를 모아 놓은 '정부정책자료', 분양 관련 뉴스를 모아둔 '분양캐스트' 등 뉴스 외에도 필요한 정보가 보기 좋게 잘 정리되어 있어 유용하다.

포털사이트 외에도 카카오톡과 같은 SNS나 카페, 블로그 등도 큐레이팅 형식으로 뉴스를 모아 제공하고 있다. 너무 바빠 시간이 없는 사람이라면 이런 큐레이팅 서비스를 이용해서 뉴스를 보는 것도 충분히 효과적이다. 조각조각 흩어진 부동산 뉴스만 놓치지 않고 잘 챙기면 시장의 분위기와 정책을 따라가는 데 무리가 없을 것이다.

뉴스를 분류해 팩트를 확인하자

그럼 부동산 뉴스는 다 같은 가치를 가질까? 부동산 뉴스만 하루에 수십 수백 개가 쏟아져 나오는 상황에서 모든 뉴스를 다 챙겨 보는 것은 비효율적일 수밖에 없다. 뉴스를 분류해 보는 것이 중요한 이유다. 뉴스는 크게 정부 및 지방자치단체의 정책을 다루는 정책 뉴스, 각종 부동산 개발계획이나 분양 계획 등을 다루는 개발 뉴스, 시장의 흐름과 현장의 분위기를 전하는 시장 뉴스로 분류된다.

1. 정책 뉴스

우선 부동산 정책 뉴스는 말 그대로 정부가 발표하는 정부 정책 또는 규제를 설명하고 해당 정책이 미치는 효과 등을 분석하는 기

▶ 대한민국 정책브리핑 사이트 화면

사다. 특히 부동산 상승장은 정부 규제와 관련된 뉴스가 쏟아져 나오는 시기이기도 하다. 정책 뉴스는 기본적으로 팩트를 담은 정보성 뉴스와 이러한 정책이 시장에 미치는 영향을 분석한 해석 뉴스로 나뉜다. 정보성 뉴스는 말 그대로 정책의 내용을 이해하기 좋게 잘 정리하고 안내해주는 기사이므로 꼼꼼하게 살펴보기만 하면 된다. 물론 원문을 보는 것이 더 정확할 수 있기에 필요에 따라 기사와 더불어 해당 자료의 원문을 찾아보면 좋다. 국토교통부 또는 서울시 사이트에 들어가면 정책 발표와 관련된 보도자료가 올라온다. 아예 정부 정책 자료를 모아둔 사이트(www.korea.kr)도 있으니 이를 참고하면 된다. 대한민국 정책브리핑 사이트에서 원문과 함께 보면 정책에 대한 이해도를 쉽게 높일 수 있다.

이와 함께 하나 더 살펴봐야 하는 것이 바로 정책이 시장에 미칠 영향에 대한 해석 뉴스다. 단순히 정책의 개요만 파악해서는 해당 정책이 나에게 미칠 영향을 파악하기가 쉽지 않다. 그래서 정책이 시장에 미칠 영향과 시장의 반응 등을 살펴보는 것이 더욱 중요하다. 해설 뉴스는 보통 전문가의 견해를 담거나, 공인중개사나 현장에서 영향을 받은 일반인 또는 투자자의 반응 등을 담는다. 다음은 민간주택 분양가 상한제에 대해 필자가 쓴 기사로, 전문가를 취재해 시장에 미칠 영향을 분석한 해설 뉴스에 해당한다.

부동산 규제 끝판왕이라 불리는 민간주택 분양가 상한제가 실체를 드러냈다. 시행 시기를 못박진 않았지만 언제든지 규제가 적용될 수 있도록 정비하겠다는 발표 이후 시장은 시계제로에 빠졌다. 규제 직격탄을 맞은 재건축 시장엔 위기감이 감도는 반면 신축 아파트는 반사효과로 가격 상승이 이어지고 있다. 전문가들 역시 상한제 여파를 제한적으로 분석하는 가운데 아파트에 이어 빌라 가격까지 급등하며 혼란이 이어지고 있다. (…) 백준 J&K도시정비 대표는 "노후 아파트 재건축이 강남권에서 유일한 신규 아파트 공급원이라는 사실은 변하지 않았다."면서 "각종 규제 정책이 장기적으로는 오히려 수요와 공급 간 불균형을 초래해 재건축 아파트 부동산 시장 주도권은 공고해질 것."이라고 설명했다.

정책의 효과는 즉각적이기도 하지만 경우에 따라서는 시차를 두고 그 효과가 발생하기도 한다. 따라서 해설 뉴스를 스크랩해 지속적으로 시장을 모니터링하는 데 참고하는 것이 좋다.

2. 개발 뉴스

그다음 각종 개발계획에 대한 뉴스를 살펴보자. 지역 개발 정보를 비롯해 철도, 도로, 지하철, 택지 개발 등 다양한 개발계획에 대한 뉴스는 정부 정책 뉴스와 구별할 필요가 있다. 이는 정부보다는 지자체, 특히 구청 단위에서도 발표되는 계획이 상당수다. 특히 많은 투자자와 수요자가 관심을 가질 만한 지역별 개발 뉴스를 자세히 살펴보려면 검색을 통해 해당 동네 또는 지역과 관련된 뉴스를 찾는 것이 좋다. 관심 있는 지역 및 생활권에 대한 뉴스를 최신순으로 살펴보면 해당 지역의 개발이 어떻게 진행되고 있는지, 어떤 역사를 갖고 있는지 금방 파악이 가능하다.

정책 뉴스와 마찬가지로 개발 호재 역시 지방자치단체 사이트를 통해 검색이 가능하니 잘 활용하기 바란다. 예를 들어 서울시 사이트에 들어가면 각종 개발 관련 회의록 및 회의 주요 내용이 공개 자료로 올라와 있다. 또한 도시건축공동위원회 등 서울시의 도심 개발 정책을 결정하는 주요 위원회를 검색어로 넣어 찾아봐도 많은 정보를 얻을 수 있다. 개발 뉴스를 잘 파악해야 내가 관심 있는 주택의 몸값을 면밀히 알 수 있다는 점을 명심하자.

인구 1천만 명의 도시, 서울의 개발 정보는 반드시 꼼꼼하게 챙겨보는 것이 좋다. 서울시 또는 구청별로 개발계획의 순서에 따라 자료가 발표되고 기사화된다. 서울시 사이트에서 부동산 관련 뉴스만 따로 모아서 볼 수 있기 때문에 이를 활용해 검색한다면 서울 구석구석의 개발 정보를 손쉽게 얻을 수 있다. 마찬가지로 서울 시 내 25개 구 사이트에서도 세부적인 개발계획 등을 파악할 수 있으니 관심 지역에 대한 정보를 검색하는 데 재미를 붙이기 바란다.

3. 시장 뉴스

마지막으로 시장의 생생한 목소리가 담긴 현장형 뉴스도 선별해 봐야 한다. 아파트 가격이 오르고 있거나 급락 중이라면 해당 내용은 시장의 목소리를 듣는 것이 가장 정확하다. 정책 발표 내용과 시장의 분위기가 완전히 다른 경우가 허다하기 때문이다. 이 역시 본인이 직접 현장의 목소리를 들어보는 것이 최선이지만 여력이 안 된다면 뉴스를 통해 간접적으로나마 분위기를 파악할 수 있다. 르포 기사 또는 스토리텔링 기사라 불리는 기사가 이러한 현장감을 최대한 살린 기사로 분류된다.

특히 성과와 긍정적인 평가가 주가 되는 정부의 정책 뉴스와 달리 시장 뉴스는 아무래도 정부 정책의 문제점을 꼬집는 비판적인 논조를 보이는 경우가 많다. 현장 관계자의 목소리가 많이 담기다 보니 입장별로 차이가 분명히 드러나므로 기사를 볼 때 객관적으로 상황을 보려는 태도가 중요하다. 시장 뉴스의 또 다른 특징은 다른 기사보다 가장 빨리 현장의 목소리를 소개하는 경우가 많다는 것이다. 아직 공식적으로 정책 결정이 이뤄지기 전에 시장의 분위기를 먼저 파악할 수 있는 만큼 유심히 살펴볼 필요가 있다.

별도로 분양 광고 기사도 구별해 살펴볼 필요가 있다. 분양 광고 기사는 시행사 또는 시공사 등이 분양이나 홍보 목적으로 게재하는 기사인데, 이런 광고 기사를 일반적인 뉴스 기사와 혼동해서는 안 된다. 물론 때때로 상업적인 광고 기사에서 의외로 쏠쏠한 정보나 알짜 단지에 대한 소식을 얻을 수 있기 때문에 무조건 배척할 필요는 없다.

논조를 분별해 객관성을 잃지 말자

뉴스에 대한 분류가 끝났다면 기사를 보는 기본적인 원칙은 익힌 셈이다. 여기서 또 한 가지 체크해야 할 부분은 언론사가 바라보는 '논조'다. 정부 정책이나 부동산 시장을 바라보는 시각에 따라 현상을 바라보고 해석하는 방향도 일정 부분 차이가 있을 수 있다. 또한 기자들 역시 각자의 관점과 시각에 따라 현안을 바라보기 때문에 차이가 발생할 수 있다. 각양각색의 참여자가 부동산 시장 속에서 관계를 맺고 활동하고 있는 만큼 이에 대한 다양한 시각을 이해하는 것도 중요하다.

예를 들어 언론사 뉴스가 시뮬레이션을 통해 세금액을 책정하고 시장을 예측하는 기사를 썼다면 어느 정도 필터링이 필요하다. 기사를 만들어내는 입장에서는 해당 규제나 법률 개정이 시장에 미치는 영향을 가장 뚜렷하게 드러내는 것이 중요하기 때문에 실제 체감하는 것과 온도 차가 나타날 수 있다. 그렇기에 기사의 사례 하나만을 놓고 일반화시키거나 원칙처럼 생각해서는 안 된다. 반드시 본인의 사정과 상황에 맞는 맞춤형 뉴스를 취사선택해야 하는 이유다.

심도 있는 공부는 책을 통해

부동산 뉴스로 시장을 읽는 감을 익혔다면 이제 실전 공부는 책으로 하는 것을 추천한다. 사실 부동산 관련 책만 해도 매달 몇십 권씩 쏟아져 나오는 상황에서 '언제 이 많은 책을 다 보나?' 하는 생각이 들 것이다. 물론 모든 책을 다 볼 수는 없지만 책은 뉴스보다 긴 호흡으로 시장을 내다보고 정책을 분석하는 가장 효율적인 수단이다. 특히 뉴스보다 좀 더 심도 있게 세분화된 주제를 다루기 때문에 실전에 훨씬 유용하게 쓰일 수 있다.

예를 들어 경매에 관심이 있다면 경매와 관련된 책을 따로 구분해 볼 수도 있고, 재건축·재개발에 관심이 있다면 재건축·재개발과 관련된 책을 따로 살펴보면 된다. 청약이나 3기 신도시 등 세부적인 부분만 다루는 책도 다수 출간된 상태다. 심지어 학군이 좋은 아파트나, 각 지역별 투자 전략서까지 다양한 목적의식을 가진 책이 많기 때문에 관심 있는 분야라면 꼼꼼히 살펴보는 것이 좋다. 단순히 부동산뿐만 아니라 금리, 환율과 같은 실물경제와 관련된 책들도 충분히 읽어볼 만하다. 또한 최근에 각광받는 주식, 암호화폐 등 자본자산과 관련된 책 역시 시장의 흐름과 전반적인 분위기를 파악하는 데 도움이 된다. 어쨌든 책으로 출간되었다는 것 자체가 일차적인 필터링을 거치고 정제된 문법으로 정리된 정보라는 뜻이기 때문에 여러모로 쓰임새가 많을 것이다.

다만 시류에 편승해 현황 이야기에 집중한 책이나, 빠르게 변화하는 정책 기조를 놓치고 단순히 한두 가지 정책과 규제만 다룬 책은 시의성 측면에서 별로 도움이 되지 못한다. 특히 시장 전망과 관련된 도서는 내용의 휘발성이 강할 뿐만 아니라 실제 시장과 일치하지 않은 경우도 많으니 항상 주의해서 접근해야 한다. 시장 전망 도서의 경우 어떻게 시장을 바라보고 있는지 그 관점을 확인해 보고, 어떠한 이유와 논리로 그러한 예측을 하는지 잘 파악하는 것이 중요하다. 예를 들어 공급과 수요의 관점에서 시장을 예측할 수도 있고, 인구론적 관점에서 시장을 분석할 수도 있다. 가능한 한 다양한 이야기를 풍부하게 듣고 참고한다면 본인만의 식견이 만들어질 수 있으니 차근차근 공부하는 것이 좋다.

과잉 정보 시대,
옥석을 가리는 방법

#카페 #블로그 #커뮤니티 #오픈채팅방 #유튜브

뉴스 보도와 도서를 통한 정보 획득이 정석적이고 전통적인 부동산 공부법이라면 포털사이트, 카페, 블로그, 커뮤니티, 오픈채팅방, 유튜브 등 온라인을 통한 정보 습득은 최신 트렌드에 해당한다. 스마트폰의 발달로 폐쇄형 정보가 대중에게 빠르게 퍼지면서 정보를 효율적으로 습득할 수 있는 기회가 참 많아졌다. 몇몇 전문가는 사실상 정보의 사각지대가 사라졌다고 평가하기도 한다. 하지만 너무 많은 정보 탓에 되레 정보를 오독하거나, 정보를 전달하는 과정에서 오류가 생기기도 한다.

부동산 정보를 취합하는 방법

1. 카페 및 블로그

온라인을 통해 부동산 정보를 구하고 싶다면 네이버 카페에 가입해 활동하는 것이 가장 보편화된 방법이다. 대표적인 카페 중 하나가 '붇옹산의 부동산 스터디' 카페(cafe.naver.com/jaegebal)다. 2021년 10월 기준 170만 명의 가입자를 보유하고 있는 해당 카페는 부동산에 관심을 갖고 있는 수많은 이해관계자들의 광장이자 놀이터다. 기본적인 부동산 관련 상담부터 각종 입지 관련 정보, 개발 소식, 정부 정책에 대한 분석 등 카페만 잘 살펴봐도 양질의 정보를 꽤 얻을 수 있다. 특히 재건축·재개발 과정의 승인 결과나 개발 확정 소식 등이 어디보다도 빨리 올라온다는 것이 가장 큰 장점이다. 몇몇 언론사들의 경우 해당 카페에서 나온 소식을 바탕으로 취재를 시작할 정도로 가장 현장에 가까운 이야기가 공유되고 있다.

물론 장점만 있는 것은 아니다. 전국 방방곡곡의 사람들이 있다 보니 서로 자기 지역이 좋다고 다투거나, 수많은 정보 속에서 거짓된 정보를 걸러내기 힘들 수 있다. 가끔 각 지역을 대표하는 논객들이 온라인 공간에서 서로 인신 공격을 하며 싸우거나 다투는 경우도 많다. 이러한 싸움이 커지면 마치 지역 간 갈등처럼 논란이 확산되기도 해 불편함을 느끼는 사람들도 많다. 또한 부동산 카페임에도 불구하고 최근 정부 정책에 대한 비판의 목소리가 커지면서 정치와 관련된 논쟁이 잦아 피로감을 호소하는 경우도 있다. 광장의 기능에 충실한 만큼 논쟁거리도 많을 수밖에 없다는 생각을 갖고 한 발짝 조금 떨어져서 필요한 정보만 취득하는 게 낫다.

블로그도 잘 활용하면 주변에서 쉽게 얻기 힘든 양질의 노하우를 습득할 수 있다. 빠숑, 오윤섭 등 유명한 전문가의 블로그나 공인중개사 등 지역 전문가가 운영하는 블로그를 즐겨찾기해 자주 살펴보기 바란다. 특히 각종 정책이나 시장의 변곡점이 되는 이슈가 생기면 많은 사람이 전문가의 블로그를 찾아 귀를 기울이곤 한다. 그만큼 영향력이 크고 날카로운 식견을 가진 전문가가 참 많다. 이들과 이웃을 맺어 블로그에 올라오는 칼럼을 꾸준히 모니터링한다면 좋은 인사이트를 얻을 수 있을 것이다.

2. 공인중개사 커뮤니티

현지 공인중개사들이 중심이 되어 활동하는 커뮤니티도 눈여겨봐야 한다. 각 지역 상황에 눈이 밝은 관계자 또는 공인중개사를 중심으로 운영되는 카페, 블로그 등이 대표적이다. 물론 이런 곳들은 공인중개사무소를 홍보하거나 지역 매물을 알리기 위한 목적으로 운영되기도 하지만 잘 찾아보면 생각보다 고급 정보가 참 많다. 전문가들끼리 고객을 유치하고 사람들의 관심을 모으기 위해 서로 경쟁을 벌이면서 보다 정확하고 풍부한 정보를 제공하기 때문이다. 단순히 눈으로만 보지 말고 진짜 관심이 있다면 한 발자국 더 나아가 해당 공인중개사나 전문가에게 직접 연락을 취하거나 방문 약속을 잡는 방법도 있다.

3. SNS 오픈채팅방

카페와 블로그가 비교적 정제된 정보를 취득하는 공간이라면 최근 각광받고 있는 SNS 오픈채팅방은 생생하게 살아 있는 정보를 실시간으로 얻는 공간이다. 오픈채팅방은 많게는 1천 명가량의 참여자를 중심으로 부동산 정보를 공유하고 이야기하는 열린 대화방이다. 목적에 따라 지역별 모임, 투자 상품별 모임, 연령대별 모임, 자유 토론방 등 다양한 형태로 운영된다.

강남구 모임, 마포구 모임과 같은 지역 모임의 경우 해당 지역의 부동산 정보와 개발 정보를 얻기 수월해 굉장히 유용하다. 경우에 따라 지역에서 더 세분화되어 단지별로도 오픈채팅방이 운영되는데, 아무래도 단지 규모가 크고 신축일수록 활발하게 운영된다. 또한 단지별 모임의 경우 단지 소유 인증을 통해 일종의 폐쇄형 SNS로 운영되기도 한다. 부동산 거래 현황이나 시장 분위기도 공유되고, 지역 공인중개사에 대한 평가도 내리는 등 해당 지역의 커뮤니티로 활발히 활용된다.

투자 상품별 모임은 재건축·재개발에 관심 있는 사람들이나, 수익형 부동산 등에 관심 있는 사람들끼리 모여 투자 정보를 공유한다. 비슷한 관심사를 가진 사람들끼리 모여 다양한 궁금증을 해소하고, 괜찮은 상품 정보를 공유하는 식으로 활용된다. 다만 모임의 특성상 아무래도 광고를 목적으로 운영되거나 참여하는 사람이 많아 제대로 된 정보를 엄선하기 어려울 수 있다.

이러한 오픈채팅방의 가장 큰 장점은 아무래도 '실시간'으로 돌아간다는 것이다. 실시간으로 정보를 주고받고, 대화하듯이 이야기를 나누다 보니 언제든 궁금한 걸 물어볼 수 있다는 장점이 있다. 하지만 다양한 이야기가 실시간으로 오가는 만큼 필요한 정보를 선별하고 취사선택하는 데 어려움이 많다. 오픈채팅방 참여 인원이 수백 명을 넘어가면 잠깐 대화방을 안 보는 사이 수백 개의 메시지가 쌓이기도 한다.

4. 유튜브

유튜브는 최근 대세로 떠오르면서 부동산 시장에서도 막강한 영향력을 발휘하고 있다. 필자 역시 〈매일경제〉가 운영하는 '매부리TV'를 처음 론칭하고 영상에 출연하면서 유튜브에 몸을 담았던 경험이 있다. 사실 최근에는 대부분의 정보가 유튜브를 통해 넘치도록 제공되고 있다. 앞서 언급한 뉴스, 책, 카페, 블로그 못지않게 유튜브로 정보를 접하는 부동산 투자자도 많을 것이다.

유튜브에서 주의해야 할 부분은 바로 '확증편향성'이다. 확증편향이란 원래 가지고 있는 생각이나 신념을 확인하고 더욱 강화하려는 경향성을 뜻한다. 쉽게 말해 보고 싶은 것만 보고 믿고 싶은 것만 믿으려는 태도를 뜻한다. 너무 유튜브에만 의존하면 자칫 확증편향의 오류에 빠질 수 있다. 예를 들어 부동산 상승을 바라는 사람들은 부동산 가격이 오른다는 영상을 즐겨보게 되는데, 그러다 보면 유튜브 알고리즘을 통해 이러한 상승에 대한 이야기를 하는 채널이나 콘텐츠만 계속 추천 영상에 노출되게 된다. 반대로 집값의 하락을 바라는 사람들은 부동산 가격이 떨어질 것이라는 내용의 콘텐츠를 주목하게 되고, 마찬가지로 유튜브 알고리즘에 의해 부동산 하락론과 관련된 콘텐츠에 더 자주 노출되게 된다. 유튜브는 원하는 정보를 맛있게 담아주는 요리사이기도 하지만 때때로 맛없는 음식을 맛있는 음식으로 위장하는 MSG와 같은 역할을 하기 때문에 주의가 필요하다.

유튜브에 원하는 부동산 키워드를 넣어 검색하면 수많은 채널과 영상이 쏟아져 나온다. 유튜브에서 주로 볼 수 있는 부동산 정보를 분류하면 소위 '업자'라 불리는 업계 종사자가 운영하는 채널, 언론사가 운영하는 채널, 건설사 또는 부동산 플랫폼 등이 제공하는 채널로 구분할 수 있다.

먼저 업자, 즉 관련 업계에 종사하는 전문가가 운영하는 채널은 그 종류와 형태도 다양하다. 70만 명의 구독자를 보유한 '부동산 읽어주는 남자', 42만 명의 구독자를 보유한 '라이트하우스' 등이 대표적이다. 이들은 시장 진단, 정책 분석 등 다양한 부동산 정보를 제공하며 큰 팬덤을 보유하고 있다. 채널마다 개성이 강한 만큼 호불호도 갈리는 편이다. 이 밖에도 영향력 있는 유튜버로 빠숑, 제네시스박, 붇옹산 등이 있다. 각각의 채널들은 유튜버마다 강점이 있는 분야가 따로 있거나, 시장 상승론 또는 하락론이라는 선명한 주제를 바탕으로 운영되는 경향이 있다.

최근에는 언론사에서도 유튜브를 운영하며 차별화를 꾀하고 있다. 〈매일경제〉의 '매부리TV', 〈한국경제〉의 '집코노미TV', 〈조선일보〉의 '땅집고'가 대표적이다. 언론사가 운영하는 만큼 상대적으로 정제되어 있고 신뢰성 있는 정보를 제공한다. 언론사 유튜브 채널은 대개 전문가와 대담을 나누는 인터뷰 콘텐츠, 청약 정보, 정책 분석 등 정보 제공형 콘텐츠가 주를 이룬다. 아무래도 언론사가 운영하다 보니 어느 한쪽의 입장을 견지하거나, 구독자들이 원하는 구체적이고 자극적인 콘텐츠를 제작하는 데 한계가 있기도 하다.

건설사에서 운영하는 채널도 쉽게 접할 수 있다. 특히 코로나19 시국을 맞아 오프라인 모델하우스 운영이 어려워지면서 유튜브를 통해 사이버 모델하우스를 공개하는 경우가 늘고 있다. 부동산은 직접 가서 봐야 한다는 공식이 코로나19로 유명무실해지다 보니 건설사 측에서 유튜브 채널을 통해 청약 정보, 분양 단지 정보 등을 올리기 시작한 것이다. 기업이 운영하는 채널이다 보니 믿을 수 있는 진행자와 패널이 등장하고, 콘텐츠도 일반 방송과 큰 차이가 없을 만큼 퀄리티가 좋은 편이다. 다만 아무래도 건설사가 운영하는 채널인지라 자사 아파트 또는 주택에 대한 홍보형 영상이 주를 이룬다. 더불어 직방이 운영하는 '직방TV'처럼 부동산 플랫폼이 운영하는 채널에서도 유용한 정보를 제공하고 있으니 참고하기 바란다.

유튜브는 카페, 블로그에 비해 가장 최근에 활성화된 플랫폼이다 보니 검증되지 않은 정보가 상당히 많은 편이다. 정부 역시 유튜브와 오픈채팅방을 유심히 살펴보며 시장 교란 행위에 대해 엄벌을 내리겠다는 의지를 밝힌 상태다. 그렇기에 정보를 분별없이 맹신하기보다는 참고만 하겠다는 마음가짐으로 접근하는 편이 낫다고 생각한다.

6장

부동산과 정책의
상관관계

"비가 오는 것을 예측하는 것은 중요하지 않다.
하지만 방주를 짓는 것은 중요하다."

_워런 버핏(Warren Buffett)

정책이 시장을
이기기 힘든 이유

#실패를 #거듭하는 #부동산정책 #규제의 #명과암

2017년 출범한 문재인 정부도 이제 막바지에 접어들었다. 2021년 10월 기준으로 그동안 나온 부동산 대책만 무려 25개에 달한다. 1년에 6개꼴, 두 달에 1개꼴이다. 집 거래를 업으로 삼는 공인중개사도, 각종 거래에 부가되는 세금을 계산해주는 세무사도 정책이 이렇게 자주 바뀌니 도무지 따라갈 수 없다며 읍소한다. 현장에서 일하는 전문가도 상황이 이러한데 거래 당사자인 매도인과 매수인은 오죽할까. 정부는 거의 두 달에 1개꼴로 규제 정책을 쏟아냈지만 수년간 서울, 수도권 집값은 코웃음을 치며 오르기만 했다.

과연 정책은 시장을 이길 수 있을까? 부동산 정책은 실효성이 있는 것일까? 부동산 정책의 역설이라 불리는 현재, 시장의 목소리는 되레 규제를 하지 말고 시장에 맡기라고 권하고 있다.

부동산 정책이 실패를 거듭하는 이유

현재 부동산 시장은 유동성이 흘러넘치는 상황이다. 정상적인 시장에서도 규제가 시장을 이기기란 하늘의 별따기인데, 지금은 저금리 기조로 인한 유동성이 큰 변수로 자리 잡고 있다. 사상 초유의 불황과 최저 금리에 내몰려 갈 곳 없는 자금이 흘러든 곳은 다름 아닌 자산 시장이었다. 실제로 부동산 시장뿐만 아니라 주식, 암호화폐 등 자산 시장에도 역대급으로 자금이 유입되고 있는 상황이다.

부동산 정책이 실패를 거듭한 이유 중 하나는 언제나 시장이 규제보다 한 발 앞서 기민하게 대응한다는 점을 간과했기 때문이다. 시장은 영리하다. 규제가 나온다고 과연 두 손 두 발 다 들고 가만히 당하고만 있을까? 아니다. 규제의 틈바구니 사이에서 아득바득 살아날 길을 찾아 나선다. 과거에도 그랬고 앞으로도 그럴 것이다. 무엇보다 하늘 아래 새로운 규제란 없다. 모든 규제가 과거 시행되었던 수준의 정책이다. 그 이상을 뛰어넘을 강력한 규제란 불가능하다. 이미 경험이 풍부한 시장 입장에서는 정부가 내놓는 규제에 눈 하나 깜짝 안 할 수 있다는 뜻이다.

오락가락하는 정책의 방향성도 문제다. 집값이 오르는 것을 막겠다는 것인지, 아니면 집값을 떨어트리겠다는 것인지 목적의식이 분명해야 하는데 그러지 못했다. 규제를 제정하고 실행해야 할 주무관청과 청와대에는 다주택자가 발에 밟힐 정도로 많다. 과연 다주택자가 시행하는 다주택자 규제를 전적으로 신뢰하는 시장 참여자가 있을까? 분명하고 명확하게 정책의 방향성을 잡지 않는다면 이러한 불신과 혼란은 더욱 커질 것이다. 또한 시장은 이제 집단 지성으로 규제와 대결한다. 시장의 한 개인이 아닌 여러 개인이 모여 의사결정에 힘을 보태고 결과를 내놓는다. 이러한 의사결정이 규제의 방향과 정확히 일치할 확률은 제로에 가깝다. 시장의 가격은 시장에 맡겨야 한다는 이유가 바로 이것이다. 시장에서 알아서 자정 작용이 벌어지도록 맡기는 게 인위적인 규제를 통한 통제보다 더 똑똑하고 깔끔한 방법일지 모른다.

부동산 시장은 생물이다. 책상 앞에서 탁상공론으로 만들어낸 규제로 이를 올바른 길로 이끌기란 참으로 어렵다. 또한 시장에는 집값이 올랐으면 하는 사람과 집값이 떨어졌으면 하는 사람이 한데 뒤섞여 있다. 즉 어떠한 정책도 모두를 만족시킬 수 없다는 뜻이다. 누군가에게 힘이 되는 정책이라면 누군가에게는 해가 된다. 부동산 정책의 양면성을 생각했을 때 그 절충점을 잘 찾아야 한다. 단순히 특정 지역의 집값이 너무 올랐다는 이유로, 국민들의 상대적 박탈감을 해소하겠다는 이유로 정책을 만들어서는 안 된다. 시장의 불합리와 부조리에 지나치게 시선을 빼앗겨서는 더욱 안 된다. 그런 규제보다 집 없는 서민과 사회초년생을 위한 정책을 확대하는 게 더욱 바람직하다.

그럼 정부의 부동산 대책은 무시하고 넘어가면 될까? 그건 또 아니다. 철저한 규제를 어떻게 극복하고, 이겨내고, 대응하느냐가 중요한 시점이다. 힘들고 버겁지만 정책을 알아야 시장을 완전히 이해할 수 있다. 어제까지 유효한 정책이 내일이면 또 아무런 의미 없이 무용지물이 되기도 하므로, 정책 하나하나를 분석하기보다는 흐름과 규제의 의미를 파악하는 데 집중하기 바란다. 이제부터 셀 수 없이 쏟아져 나오는 부동산 규제의 명과 암을 차근차근 살펴보겠다.

대한민국 부동산
정책의 역사

#노무현정부 #이명박정부 #박근혜정부 #반복되는 #역사

역사가 반복된다는 프랙탈 이론은 과학뿐만 아니라 자본 시장에서도 적용된다. 이 세상에 새로운 것은 없다. 미묘한 변주와 변형은 있겠지만 기본적인 원칙까지 뒤바꿀 수는 없다. 심리와 욕망, 그리고 규제가 복잡계처럼 얽혀 있는 부동산 시장의 역사도 반복되고 있다.

현재 5년 넘게 이어지는 상승 기조도 언젠가는 꺾일 것이다. 무한하게 반복되는 상승이란 불가능하기 때문이다. 그렇기에 이럴 때일수록 좀 더 과거의 현상을 되짚어볼 필요가 있다. 현재와 유사한 상승세와 비슷한 규제가 쏟아졌던 노무현 정부부터 시작해 이명박 정부, 박근혜 정부 시절의 부동산 정책을 순서대로 살펴보자.

2003~2008년
노무현 정부

문재인 정부의 부동산 정책과 규제, 시장 분위기와 가장 닮았다고 평가받는 때는 다름 아닌 노무현 정부 시절이다. 노무현 정부 시절에도 부동산 시장은 활화산처럼 뜨겁게 불탔다.

노무현 정부는 국가 균형 발전이란 기치 아래 행정수도 이전과 함께 175개 공공기관을 이전하는 '혁신도시' 건설을 적극 추진했

구분	노무현 정부	문재인 정부
수요	·종부세 신설 ·DTI, LTV 등 대출 규제 ·'버블세븐' 지정 ·투기과열지구 지정 확대	·다주택자 양도세 중과 ·DSR 도입 등 대출 규제 ·공시가격 인상 통한 보유세 강화 ·조정대상지역 지정 확대
공급	·재건축 초과이익환수제 도입 ·분양가 상한제 도입 ·수도권 2기 신도시 건설 ·분양권 전매 제한	·재건축 초과이익환수제 부활, 실거주 2년 의무 ·분양가 상한제 확대 시행 ·수도권 3기 신도시 건설 ·공공 재개발, 공공 재건축 도입

노무현 정부와 문재인 정부의 부동산 정책

다. 이와 더불어 서민 주거 안정을 위한 '부동산 투기와의 전쟁'을 선포하며 강력한 투기 억제 정책을 천명했다. 그러나 2002년부터 슬금슬금 오르던 집값은 2003년 본격적으로 폭등하기 시작했다. 이에 정부는 행정수도 이전 계획으로 야기된 충청권 토지 투기를 억제하기 위해 충청권 토지거래감시구역 지정 및 수도권 153만 호 공급 계획 등을 포함한 1·15 대책을 내놓았다.

1·15 대책에도 집값이 잡히지 않자 이어서 정부는 분양권 전매 제한, 재당첨 제한, 수도권 투기과열지구 지정 등을 포함한 5·23 대책, 국민 임대주택을 5년간 50만 호 건설하겠다는 5·28 대책, 10년간 공공 임대주택을 150만 호 건설하겠다는 발표가 포함된 9·3 대책, 재건축 조합원 지분 전매 제한과 소형주택 60% 의무화, 1주택 비과세 요건 강화 등을 포함한 9·5 대책을 쏟아냈다. 그리고 8·31 대책과 더불어 노무현 정부의 대표적인 부동산 규제책으로 꼽히는 3주택자 양도세 중과, 종부세 도입, 투기 지역 LTV 40% 강화가 포함된 10·29 대책까지 1년 동안 강력한 규제책을 쉴 틈 없이 쏟아냈다.

하지만 2006년 부동산 가격이 계속 상승하면서 실거래가 등기부 기재, 분양가 상한제 확대, DTI 도입, 2주택 양도세 중과, 재건축 아파트 초과이익 환수제 시행 등 내놓을 수 있는 카드를 다 내놓게 된다. 물론 이 역시 무용지물이었다.

국회 예산정책처 자료에 의하면 노무현 정부 재임 시절(2003년

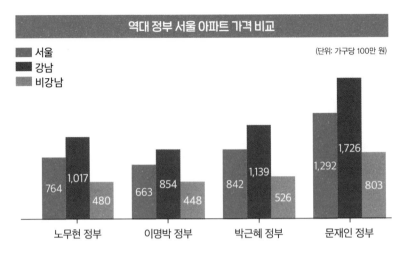

역대 정부 서울 아파트 가격 비교

- 서울
- 강남
- 비강남

(단위: 가구당 100만 원)

	노무현 정부	이명박 정부	박근혜 정부	문재인 정부
서울	764	663	842	1,292
강남	1,017	854	1,139	1,726
비강남	480	448	526	803

*임기 마지막 해 1월, 문재인 정부는 2020년 5월, 25평 아파트 기준

자료: 경제정의실천시민연합

2월~2008년 2월) 서울 아파트 매매가격지수 증가율은 56.6%에 달한다. 당시 가장 상승폭이 가팔랐던 2006년에는 전국 집값이 11% 이상 상승하며 전국적인 부동산 불장이 연출되었다. 경실련에 따르면 당시 서울 아파트 전용면적 59m²의 중위값은 94% 상승했다. 금액으로는 3억 7천만 원 수준이다. 이는 박근혜 정부(1억 8천만 원), 이명박 정부(-1억 원)와 극명하게 대비된다.

당시 집값이 급등한 가장 큰 이유로는 정부의 규제 일변도 정책이 지적되고 있다. 노무현 정부는 이른바 '버블세븐'과의 전쟁을 치렀다. 강남3구(강남구, 서초구, 송파구)와 양천구 목동, 분당, 평촌, 용인이 이에 해당한다. 이들 집값의 거품이 심하다고 콕 집어 집중 포화를 가한 것이다. 당시 도입한 제도가 바로 현재 오세훈 서울시장이 확대 적용 중인 '토지 거래 허가제'다. 지방자치단체의 허가를 받지 않고는 아파트 거래조차 하지 못하게 막은 것이다. 조정대상지역 개념이 없어 투기과열지구로 묶었던 규제 지역 역시 전국 단위로 관리했다. 2002년 9월만 해도 투기과열지구는 서울 전역이 전부였지만 이후 경기 전역, 부산, 인천, 대구 등 전국 광역시 등 주요 지역으로 확대되었다. 결국 2004년 7월에는 투기과열지구가 전국 지자체의 절반인 105곳까지 늘었다. 문제는 이러한 규제가 비규제 지역의 가격을 밀어 올리는 풍선효과를 낳았다는 것이다. 규제가 낳은 역설이 발생한 셈이다.

당시 세금 규제 역시 지금과 유사한 점이 많다. 현재도 논란 중인 종부세는 노무현 정부 시절 처음 신설된 세금이다. 이 밖에도 다주택자 양도세 중과, 고가 주택에 대한 세율 강화 등 전방위적으로 압박을 가했다. 현재 위헌 소송으로까지 이어지고 있는 재건축 초과이익환수제 역시 당시에 뽑은 강력한 규제 카드 중 하나였다. 노무현 정부는 재건축 초과이익환수제를 통해 조합원이 얻은 이익 중 인근 집값 상승분과 비용 등을 제외한 '초과이익'에 대해 세금을 부과했다. 다만 노무현 정부 당시에는 위헌 논란으로 제대로 시행되지 못했지만 현 정부에서는 현재진행형이다.

문제 해결을 위해 공급 확대에 힘썼다는 점도 두 정부의 공통점이다. 노무현 정부는 수도권 2기 신도시를 발표해 판교, 위례, 광교,

화성 동탄, 양주 옥정, 파주 운정 등으로 신도시 공급에 나섰다. 하지만 당시에도 당장 단기적인 공급량이 필요했음에도 불구하고 실질적인 공급 효과를 낳지 못해 큰 효과를 거두지 못했다. 특히 경기도 지역에서 공급량을 늘리는 데 힘쓴 것과 달리 서울 시내 재건축·재개발 및 공급량 확대에는 실패해 서울 집값을 끌어올렸다는 점 또한 유사하다. 직방에 따르면 노무현 정부 시절 아파트 가격 변동률은 전국 34% 상승, 서울 56% 상승이었다.

2008~2013년
이명박 정부

2008년 출범한 이명박 정부의 과제는 급등한 집값을 안정시키는 것이었다. 이를 위해 이명박 정부는 보금자리주택 수도권 100만 호 공급, 지방 50만 호 공급 등 대규모 공급 정책을 계획했다. 그런 가운데 예상치 못한 변수가 발생했다. 2008년 글로벌 금융위기가 바로 그 주인공이다. 바깥에서 불어온 불황의 바람이 국내를 뒤덮으며 부동산 시장에도 직격탄을 날렸다. 노무현 정부와 달리 이명박 정부에서는 규제 완화가 정책의 큰 줄기였다.

이명박 정부에서는 크게 17개의 부동산 대책이 나왔다. 2008년 6·11 대책을 시작으로 2012년 5·10 대책까지 거래 활성화 대책이

노무현 정부와 이명박 정부의 부동산 정책	
노무현 정부(규제)	이명박 정부(완화)
·투기과열지구 확대	·투기과열지구, 투기지역 해제
·재건축 규제 강화	·재건축 규제 완화
·실거래가 과세	·종부세 기준 하향 조정
·보유세 강화	·양도세, 취득세 한시 감면
·이익 환수 및 투기 방지	·양도세 비과세 요건 완화
·분양가 상한제	·분양권 전매 제한 완화
·종부세 도입 및 강화	·주택 거래 신고 지역 해제
·DTI 도입	·다주택자 양도세 중과 폐지(추진)
·청약 가점제 시행	·재건축 초과이익환수제 한시 유예(추진)

사실상 주를 이뤘다.

아이러니하게도 이명박 정부는 규제를 다 풀어나가는 방향으로 정책을 전개했다. 규제를 풀고 주택 공급을 늘리는 데 방점이 찍혔다. 이명박 정부는 투기과열지구와 투기지역 해제, 종부세 부과 기준 완화, 재건축 규제 약화 등의 정책을 순차적으로 펼쳤다. 결국 5년에 걸쳐 노무현 정부 시설 도입된 규제 대부분이 완화 또는 해제되었다. 규제 완화와 더불어 주택 공급을 통한 경기 부양 역시 핵심 정책이었다. 이명박 정부의 서민 주택 공급 정책의 핵심인 '보금자리주택'을 비롯해 다양한 공공주택, 임대주택 공급 정책이 연이어 발표되었다.

우선 정부 정책의 유효성을 따지기 전에 2008년 전 세계를 덮친 글로벌 금융위기 상황을 염두에 둬야 한다. 거래 정상화를 위해 크고 작은 대책과 조치가 연이어 발표되었지만 경제 위축으로 수도권 집값이 하락하고 거래량이 급감했다는 시각도 있다. 전·월세 시장은 2009년부터 급등하며 다소 불안한 모습을 보이기도 했지만 임기 후반에 결국 안정화되었다. 정부 첫해에 미분양 해소가 핵심 과제였다면 2년차에는 보금자리주택 보급, 3년차에는 전·월세 안정, 4년차에는 거래량 회복, 5년차에는 강남 규제 완화 등을 기치로 내세웠다. 매년 의제가 달라진 것이다. 지방에서 수도권으로, 수도권에서 서울 강남으로 정책이 미치는 영역이 좁혀지고 구체화되면서 이명박 정부는 안정적으로 목표를 이룰 수 있었다.

2008년 6·11 대책은 지방 미분양 아파트에 대한 주택담보대출 비율 완화 및 양도세 면세 조치가 주요 골자였다. 미국발 글로벌 금융위기로 인해 실물경제에 대한 불안 심리가 가중되면서 국민 불안감이 커지자 9·19 대책으로 공급량 확대를 천명했고, 11·3 대책으로 강남 3구 외 규제 지역을 해제하고 분양권 전매 제한까지 풀었다. 꽉 조였던 LTV, DTI 규제도 완화했고, 재건축 용적률은 법적 최대 상한선까지 허용되었다.

글로벌 금융위기 이후 급락했던 수도권 주택 시장은 2009년부터 회복에 나섰다. 특히 서울 재건축 시장을 중심으로 반등이 일어났다. 정부는 여전히 불안한 전·월세 시장의 문제를 해소하기 위해 공급 대책을 추가로 강화했다. 이러한 기조는 2010년까지 이어졌다. 또 청약통장의 신설 등 청약 관련 시스템 일부분을 개편했다.

3년차에 접어든 이명박 정부는 본격적으로 전셋값 안정화에 집중했다. 전셋값이 하반기부터 크게 올랐기 때문이다. 부동산 경기 침체에 따른 집값 하락 우려로 매수 수요가 전세 수요로 전가되면서 전셋값이 오른 것이다. 단기간 전셋값의 고공 행진은 계속 되었다. 결국 이명박 정부는 2010년 8·29 대책을 통해 전세금 대출한도를 확대하는 정책을 내놨다. 이를 통해 전셋값 마련의 부담을 줄이고, 보금자리주택 사전 예약 물량을 축소함으로써 공급 물량을 조절했다. 세제 측면에서는 매매 거래 활성화를 위해 다주택자 양도세 중과 완화를 2년 연장하는 정책을 선보였다. 취등록세 감면 역시 1년 연장했다.

주택시장의 약세는 임기 막바지까지도 이어졌다. 2011년 하반기 미국발 글로벌 금융위기와 유럽의 재정 위기 확산으로 수도권은 재건축 아파트와 중대형 주택 가격까지 하락한 상태였다. 신규 분양 공급도 축소되었으며 거래 자체가 완전히 줄었다. 매수 수요 축소가 임대 수요로 전가되면서 전세가격 상승을 잡지 못했다. 서울에서 시작한 임대가 상승이 수도권까지 확산되면서 전세 시장에 불안감이 맴돌았다. 정부는 1·13 대책을 내놓으며 민간에 5년 임대주택 용지 공급을 재개했고, 공공이 보유한 준공 후 미분양 물량을 내놓는 등 임대 시장 안정화를 꾀했다. 이어 건설 경기 연착륙 및 주택 공급 활성화 방안을 발표해 취득세 감면 조치에 나섰다.

이후 8·18 대책으로 전·월세 시장 안정을 노렸고, 다시 한번 주택 시장 정상화 및 서민 주거 안정 대책을 발표해 투기과열지구를 해제하고 다주택자 양도세 중과제를 폐지했다. 이때 재건축 초과 이익환수 부담금 역시 2년간 부과를 중지했고, 토지 거래 허가 구역 역시 추가로 해제하는 등 파격적인 정책을 연이어 선보였다.

국내 부동산 시장의 장기 침체는 임기가 끝날 때까지도 해소할 수 없었다. 부동산 시장 위축과 가계부채 부담이 확장되면서 이명박 정부는 마지막으로 5·10 대책을 내놓아 강남 3구에 대한 투기 지역 해제, 주택 거래 신고 지역 해제, 단기 보유 양도세 중과 완화, 1 대 1 재건축 주택 규모 개선 등을 선보였다.

이명박 정부 시절은 대내 이슈보다는 미국발 글로벌 금융위기가 불러온 파급효과가 훨씬 더 영향을 크게 미친 시기다. 정책의 방향 역시 노무현 정부와 완전히 반대로 갈 수밖에 없었다. 불안정한 전·월세 가격을 조기 진화하는 데 실패한 점은 아쉽지만, 반대로 보금자리주택 공급과 DTI 등의 규제 완화를 통해 지속적으로 시장 안정을 꾀한 부분은 긍정적으로 평가된다.

2013~ 2017년
박근혜 정부

박근혜 정부는 시장 활성화 정책으로 시작해 결국 규제 정책으로 마무리된 냉탕과 온탕이 오갔던 시기다. 집권 이후 주택 시장 거래 활성화를 위해 규제 완화 정책을 시행했다가 임기 말기에 시장이 과열되자 강력한 규제 정책을 내놓으며 시장 질서 잡기에 애썼다. 박근혜 정부에서는 총 13번의 부동산 정책이 발표되었다.

박근혜 정부 시절 부동산 시장은 양분되어 흘러갔다. 매매 시장은 침체였던 반면, 전 정권부터 불타오른 전세가격은 수그러들지 않았다. 전세난 해소를 위해 "빚내서 집 사라."라는 이야기가 나왔을 정도로 정부 차원에서 내 집 마련을 권했던 시기이기도 하다.

박근혜 정부는 출범 직후 4·1 대책을 내놓으며 공급량 조절에 나섰다. 이명박 정부의 보금자리주택 정책은 민간분양 시장을 침체에 빠뜨리며 대량 미분양 사태를 불러일으키고 있었다. 이에 정부는 보금자리주택을 연 7만 호에서 연 2만 호로 줄여 총 20만 호만 공급하겠다는 대책을 내놓았다. 쉽게 말해 10년에 걸쳐 70만 호를 공급하기로 했지만 남은 50만 호 공급은 취소한다는 것으로, 과도한 공급량을 줄여 시장 정상화를 꾀하겠다는 전략이었다. 또 1년간 매입 주택에 5년간 양도세를, 생애최초주택에 취득세를 각각 면제하는 세제 해택을 주는 등 매매 유인책을 내놓았다.

박근혜 정부의 매매 유인책은 큰 효과를 봤다. 주택 거래량은 2013년 60만 4,331건에서 2014년 64만 4,268건으로 전년 대비 15.8%(85만 2천 건) 올랐다. 수도권의 경우 36만 3천 건을 기록하며 전년 동기 대비 33.5% 증가했다. 여기서 한 걸음 더 나아가 이듬해 2014년에는 7·24 대책을 통해 대출 규제를 완화하는 등 유동성

박근혜 정부의 LTV, DTI 개선 방안			
	현행		개정
	은행·보험	기타 비은행권*	전 금융권
LTV 수도권	50~70%	60~85%	70%
LTV 지방	60~70%	70~85%	70%
DTI 서울	50%	50~55%	60%
DTI 경기·인천	60%	60~65%	60%

*기타 비은행권: 저축은행, 상호금융, 캐피털

자료: 기획재정부

공급에 나섰다. 이 정책이 바로 당시 실세였던 최경환 경제부총리의 '빚내서 집 사라.'라는 의도가 담긴 정책이다.

당시 정부는 LTV를 70%까지 풀어주고 DTI 역시 서울, 수도권에 60%로 완화하면서 빚을 내 집을 사도록 유도했다. 금리 역시 미국의 양적완화 정책으로 저금리 기조가 유지되고 있었다. 이와 더불어 같은 해 내놓은 9·1 대책을 통해 청약 1순위 조건을 완화하고 재건축 연한 완화 정책을 내놓는 등 현재와 완전히 반대되는 정책을 펼치며 시장 활성화에 사활을 걸었다. 특히 부동산 3법(분양권 상환제 완화, 초과이익환수제 폐지, 재개발 다주택자 분양 허용) 연내 처리 합의를 담은 12·23 대책을 펼치면서 부동산 시장의 '대못'이 뽑혔고, 재개발·재건축 수혜 기대감이 높아졌다. 그 결과 2014년 연간 총 주택 매매 거래량은 100만 5,173건을 기록하며 2006년 이후 최대

치를 기록한다.

부동산 시장이 활성화되면서 2015년 주택 거래량은 역대 최고 치인 119만 3,691건을 달성했다. 수도권의 주택 거래량은 전년 대비 32.4% 증가했으며 특히 서울 지역의 증가율은 49.5%였다. 이와 함께 분양 시장에도 꽃이 피면서 같은 해 아파트 분양 물량은 전년 대비 55.8% 증가한 51만 6천 가구로 5년간 승인 물량 평균치(27만 4천 가구)의 2배에 육박했다. 부동산 3법 통과로 부동산 시장이 상승장을 이어나갈 것으로 전망되는 데다, 청약제도까지 개편되면서 투자 목적의 수요자들의 진출입이 쉬워졌기 때문이었다. 게다가 전세난이 가중되면서 전세 세입자들이 매매 실수요자로 전환되는 등 매매 시장은 그 어느 때보다 활발했다.

이와 함께 임대주택의 새로운 패러다임을 열었다고 평가받는 기업형 임대주택(뉴스테이) 육성 정책이 첫 선을 보이기도 했다. 이러한 정책 기조는 2016년까지 이어지며 박근혜 정부는 부동산 시장 띄우기에 집중하는 모습을 보였다. 실제 이러한 정책은 효과를 거두며 정권 후반기에는 가파른 집값 상승률을 보였고, 이를 해결하기 위해 부랴부랴 규제책으로 선회하는 모습도 보였다. 2016년 11·3 대책을 통해 박근혜 정부는 다시 강남 4구 등 투기과열지역의 분양권을 전매 금지하고 청약 1순위 조건을 강화하는 등 투기 세력 억제책을 내놓았다. 이어 12·24 대책을 통해 잔금 대출 규제 강화와 2017년 DSR 도입 방안을 발표하며 막바지까지 투기와의 전쟁을 이어갔다.

침체된 부동산 시장을 활성화하는 데 성공하긴 했지만 문제점도 있었다. 박근혜 정부 시절 가계부채가 가장 많이, 그것도 가장 빠르게 늘어났기 때문이다. 박근혜 정부 출범 3년 5개월 만에 가계부채는 308조 5천억 원을 넘겼다. 이전 정부에서 5년간 늘어난 가계부채가 298조 8천억 원이었던 것과 비교하면 1년 이상 빨리 이를 넘어선 것이다. 결국 가계부채 해소의 필요성이 대두되면서 여신심사 가이드라인을 도입해 주택담보대출 구조를 기존의 변동금리·일시상환 대출에서 고정금리·장기분할상환 대출로 전환해 리스크를 줄이겠다는 대책을 내놓기도 했다. 또한 기획재정부, 국토교통부, 금융위원회, 한국은행, 금융감독원 합동으로 택지 공급을 축소하고 집단 대출에 대한 심사를 강화하는 내용의 '가계부채 대책'을 발표했다. 부동산114에 따르면 박근혜 정권이 출발했던 2013년 이후 집값은 줄곧 상승세를 기록했다.

쏟아져 내린
25개 부동산 대책 ①

#규제일변도 #문재인정부 #25번째 #부동산대책

2017년 5월 출범한 문재인 정부의 핵심 정책 중 하나는 부동산 시장의 안정화였다. 출범 당시 100대 국정과제로 포용적 복지국가를 위한 '서민이 안심하고 사는 주거 환경 조성' '청년과 신혼부부 주거 부담 경감'을 발표하기도 했다. 정부 스스로가 부동산 정책의 핵심 기조를 '주택 공공성 강화'라고 선언하며 경기 부양과 경기 조절의 수단이 아닌 서민 주거 환경 및 실수요자 보호를 위한다고 밝혔다. 결국 전 정권 말미부터 부풀어 오른 부동산 과열 양상을 초기에 진압하고 안정화하겠다는 것이 핵심이었다. 그 결과 취임 만 4년이 지난 현재 시점까지 내놓은 부동산 정책만 25개에 달한다. 하지만 집값은 여전히 잡힐 기미가 보이지 않는다. 여러 차례 대책이 나오는 동안 부동산 시장은 잠깐 주춤했을 뿐 짧게는 1개월, 길게는 5~6개월 후에 다시 반등하며 전 고점을 계속 돌파했기 때문이다. 그러는 동안 서울 아파트 중간값 역시 정부 출범 후 3년간 52% 급등했다.

문재인 정부의 25개 부동산 대책

대한민국 정책브리핑 사이트 '정책위키' 메뉴에 들어가면 문재인 정부의 부동산 정책이 일목요연하게 잘 정리되어 있다. 여기서는 큰 흐름만 살펴보겠다.

1. 6·19 대책

정부 출범 후 내놓은 첫 정책이 바로 6·19 대책이다. 규제 발표 직전 서울 부동산 시장의 상승세가 심상치 않았다. 5월 셋째 주 서울시 아파트 값의 주간 상승률은 0.13%였는데 4주차엔 0.2%, 5주차엔 0.28%로 상승폭이 커졌다. 달이 바뀌어 6월 1주차에 0.28% 상승하자 정부에서는 곧바로 6·19 대책으로 대응에 나섰다.

정부는 서울 25개 구, 경기 6개 시, 부산 5개 구, 세종시 등 기존 37개 지역이었던 조정대상지역에 경기 광명, 부산 기장군, 부산 진구 등 3개 지역을 추가했다. 대출 규제도 옥죄었다. LTV, DTI를 10%p씩 강화한 것이다. 기존 LTV는 전 지역에 걸쳐 70%, DTI는 수도권 모든 지역의 아파트 주택담보대출에 60%가 적용되었다. 하지만 이번 규제로 조정대상지역의 LTV, DTI 비율은 각각 60%, 50%로 강화되었다. 조정대상지역 내 집단 대출 LTV 역시 현행 70%에서 60%로 강화되고, DTI도 잔금 대출에 대해서는 50%의 비율을 새로 적용시켰다.

서울 시내 전매 제한 기간도 강화했다. 서울 전역의 전매 제한 기간을 기존 1년 6개월에서 소유권 이전 등기 시까지로 늘렸다. 즉 투자용으로 입주권이나 분양권을 샀더라도 소유권 이전 등기가 떨어질 때까지 팔 수 없다는 것이다. 재건축 조합원이 받을 수 있는 주택 수에 대한 규제도 강화했다. 기존에는 수도권 과밀억제구역 내에서는 최대 3채까지, 과밀억제구역 외에서는 소유 주택 수만큼 조합원분 주택을 받을 수 있었으나, 조정대상지역으로 선정된 지역에서는 원칙적으로 1세대 1주택까지만 조합원 물량을 가져갈 수 있게 규제했다.

6·19 대책은 정부의 부동산 정책의 방향을 가늠해볼 수 있는 첫 무대였다. 하지만 집값은 잡힐 기미조차 보이지 않으며 가파른 상승을 이어갔다.

2. 8·2 대책

6·19 대책 이후에도 서울을 중심으로 집값 상승세가 이어지자 정부는 규제 지역을 확대하고 기존 규제책을 강화했다. 8·2 대책은 당시 규제의 끝판왕이라 불릴 정도로 전방위 규제책에 해당한다. 7년 만에 투기과열지구를 부활시켜 서울시 전역, 과천시, 세종시 등을 지정했다. 또 6년 만에 투기지역 지정에 나서며 강한 규제 정책을 펼쳤다. 과세 측면에서도 2주택자 양도세를 최대 50% 중과하며 다주택자들에게 주택 처분에 대한 시그널을 보냈다. 1세대 1주택 양도세 비과세 요건도 강화했다. 기존 2년 이상 보유 시 주던 비과세 혜택을 2년 이상 거주도 해야 하는 조건으로 강화했다.

청약제도도 규제가 강화되었다. 청약통장 가입 기간 1년만 경과하면 1순위 자격을 줬던 기존의 조건을 2년으로 늘렸다. 또 청약

투기과열지구 및 투기지역 지정

구분	투기과열지구 (2017년 8월 3일)	투기지역 (2017년 8월 3일)	조정대상지역 (2016년 11월 3일, 2017년 6월 19일)
서울	전 지역(25개 구)	강남, 서초, 송파, 강동, 용산, 성동, 노원, 마포, 양천, 영등포, 강서	전 지역(25개 구)
경기	과천시	-	과천, 성남, 하남, 고양, 광명, 남양주, 동탄2
기타	세종시	세종시	부산 7개 구, 세종시

자료: 국토교통부

가점제의 비중을 늘려 투기과열지구 내 전용면적 85m² 이하 주택은 100% 가점제로 운영하도록 변경했다. 투기과열지구 내 정비사업 일반분양 또는 조합원 분양에 당첨된 세대에 속한 자는 5년간 투기과열지구 내의 정비사업 일반분양 또는 조합원 분양의 재당첨을 제한했다. 대출 규제도 더욱 죄었다. 현재 대출 규제와 유사하게 투기과열지구의 LTV와 DTI를 40%까지 줄였다. 대출 축소를 통해 주택 시장 과열의 싹을 잘라버리겠다는 의지를 표명한 셈이다.

재건축 규제에서는 2018년 1월부터 재건축 초과이익환수제를 부활시킨다고 공식 발표했다. 재건축을 통해 얻은 수익의 일정 부분을 환수하겠다는 정책을 내놓자 개인의 재산권 침해 등 헌법소원 논란이 일어나기도 했지만 정부는 강행 의지를 굽히지 않았다. 또 투기과열지구 내 재건축·재개발 조합원 지위 양도를 금지시켰고, 조합원 입주권 매매도 금지했다. 민간택지 분양가 상한제 역시 이때 재시행이 결정되었다. 2015년 폐지된 분양가 상한제의 부활을 통해 재건축·재개발 지역에는 직격탄이 떨어졌다.

3. 9·5 대책

역대급으로 강력한 8·2 대책의 후폭풍으로 잠깐 시장이 안정기에 접어드는 모습을 보였다. 서울 아파트 주간 변동률은 7월 5주 0.33%까지 치솟았다가 발표 직후인 8월 첫째 주 −0.03%로 하락 전환에 성공했다. 이에 정부는 9·5 대책을 통해 고삐를 더욱 죄었

민간택지 분양가 상한제 선정 기준 변경안		
구분	기존 기준	변경 기준
주택 가격 ㉮	·3개월 아파트 매매가격 상승률이 10% 이상 상승	·3개월 주택 매매가격 상승률이 물가상승률의 2배 초과
분양가격 ㉯	·없음	·12개월 평균 분양가격 상승률이 물가상승률의 2배 초과
청약 경쟁률 ㉰	·연속 3개월간 20 대 1 초과	·직전 2개월간 일반 5 대 1 초과 or 국민주택 규모 10 대 1 초과
거래량 ㉱	·3개월 아파트 거래량이 전년 동기 대비 200% 이상 증가	·3개월 주택 거래량이 전년 동기 대비 20% 이상 증가
최종 판단	㉮ or ㉰ or ㉱	㉮ + (㉯ or ㉰ or ㉱)

자료: 국토교통부

다. 이번 대책에서는 성남시 분당구와 대구시 수성구에 대한 투기과열지구 추가 지정이 이뤄졌다. 또 8·2 대책 때 도입하기로 한 민간택지 분양가 상한제 적용 기준을 주택 가격, 주택 분양가격, 청약경쟁률, 주택 거래량에 따라 일정 수치를 상회할 경우 적용 가능하도록 요건을 일부 완화했다.

4. 10·24 대책

정부는 10월 가계부채 종합대책을 내놓으며 높아진 가계부채 문제 해결을 위한 의지를 표명한다. 박근혜 정부 말미부터 부동산 시장이 과열 양상을 보이면서 높아진 가계부채에 대한 경고장을 날린 셈이다. 2015~2016년 2년간 연평균 약 129조 원의 가계부채가 증가하면서 2007~2014년 연평균 약 60조 원보다 2배 이상 높은 증가율을 보였다.

정부는 주택 시장에 대해서는 대출을 통한 수익형 부동산 투자를 규제하는 방안을 내놓았다. 또한 규제 지역에 대해 새로운 DTI 기준을 적용하고, DSR을 도입해 대출 상환능력 검증을 강화했다. 또 소득 산정 기간 확대와 산정 방식 변경 등으로 대출의 활로를 축소했다.

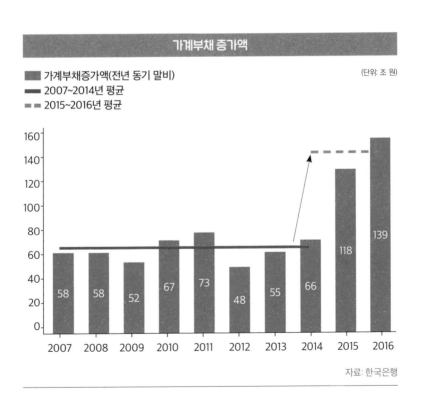

가계부채 증가액

■ 가계부채증가액(전년 동기 말비)
━ 2007~2014년 평균
▬ ▬ 2015~2016년 평균

(단위: 조 원)

자료: 한국은행

5. 11·29 대책

정부는 수요자 중심의 종합적인 지원과 사회통합형 주거 정책으로 탈바꿈하기 위한 장기 비전으로 '주거복지로드맵'을 공개했다. 2023년까지 공적 지원 주택 100만 호를 공급하고 청년, 신혼부부, 고령자, 저소득층에 대한 주거 지원을 확대하는 것을 목표로 제시했다. 즉 생애 단계별, 소득 수준별 수요자 맞춤형 지원을 하겠다는 것이다. 특히 낮은 임대료와 장기간 거주 가능한 공공 임대주택 등으로 무주택 실수요자를 위한 주택 공급을 확대하기로 했다. 정책에는 신혼부부 및 고령자에 대한 특별공급 확대 방안 등도 포함되었다.

6. 12·13 대책

취임 첫해 마지막 정책이 바로 임대주택 등록 활성화 정책이다. 지방세, 양도세, 종부세 등의 세제 감면 혜택을 확대해 집주인의 임대주택 등록을 활성화하고, 이를 통해 임대차 시장 데이터를 확보하고 분석해 임차인 권리 보호에 나서겠다는 대책이다. 임대주택 관련 통계 및 거래를 양성화하고 시장 안정화를 꾀하겠단 목적이었다. 하지만 향후 임대주택 등록에 대한 혜택의 상당 부분을 없애며 논란이 커지기도 했다. 이와 더불어 임차인의 권리 보호를 위한 제도들도 보완했다.

7. 7·5 대책

정부는 주거복지로드맵의 신혼부부, 청년 주거 지원 정책의 구체적인 밑그림을 발표했다. 5년간 88만 쌍의 신혼부부와 6세 이하 자녀를 둔 한부모가족 6만 가구에 공동주택과 자금을 지원하겠다고 밝혔다. 또 청년 75만 가구에는 임대주택과 맞춤형 금융을 지원하기로 했다.

8. 8·27 대책

안정세를 보이던 부동산 시장이 여름 들어 다시 과열 양상을 보이기 시작했다. 거래는 위축되었지만 가격이 상승하는 이례적인 분위기가 연출되자 정부는 8·27 대책을 내놓았다. 2018년 7월 아파트 거래량은 5,852건으로 최근 5년 평균인 1만 113건 대비 42.1% 감소한 상태였다. 정부는 투기과열지구인 서울 4개 구를 투기지역으로, 조정대상지역인 광명, 하남을 투기과열지구로 격상했다. 또 구리와 안양 동안구 등은 조정대상지역으로 추가 지정했다. 반면 안정세로 전환된 부산 기장군은 조정대상지역에서 해제했다.

9. 9·13 대책

규제 지역 확대에도 불구하고 7월 집값이 급등하자 정부는 다시 한번 칼을 꺼내든다. 가격 상승 기대로 갭투자가 늘어났고, 불안을 느낀 실수요자가 추격 매수에 나서며 심리가 크게 흔들렸기 때문이다. 이에 정부는 9·13 대책을 통해 다주택자에 대한 강한 경고장을 날렸다. 9·13 대책은 다주택자 및 투기 수요에 초점을 맞춘 규제책이다. 우선 2주택 이상 보유 세대가 규제 지역 내 주택 신규 구입에 나설 경우 주택담보대출을 전면적으로 금지했다. 종부세 고가 주택 세율을 3억 원 초과분부터 0.2~0.7%p 인상하고, 3주택 이상 보유자와 조정대상지역 2주택 이상 보유자는 0.1~1.2%p 추가 과세를 부과했다.

청약 부정 당첨에 대한 관리를 강화하고 분양권, 입주권 소유자를 무주택자에서 제외하는 등 실수요자를 배려하기도 했다. 조정대상지역 내 일시적 2주택자에 대한 규제도 강화해 양도세 비과세 기준을 기존 3년 내 처분 조건에서 2년 내 처분으로 바꿨다. 조세 정의 차원에서 종부세 공정시장가액비율을 추가로 상향 조정하기로 했다. 공시가격을 점진적으로 현실화해 최대한 시장 가격과의 괴리를 줄이겠다는 의도를 보였다. 1년 전 임대사업자에게 세제 혜택을 제공하며 등록을 유도했던 정책과 상반된 대책, 즉 과도한 세제 혜택을 줄이겠다는 발표로 많은 임대사업자들로부터 원성을 사기도 했다.

10. 9·21 대책

정부가 내놓는 카드마다 효과를 거두지 못하자 정부는 근원적인 공급 정책에 집중하기로 했다. 그렇게 3기 신도시의 첫 일정이 나온 정책이 바로 9·21 대책이다. 정부는 향후 5년간 수도권 지역에 주택 30만 호를 공급하겠다는 계획을 밝혔다. 1차 공급은 3.5만 호 규모이며, 향후 서울과 1기 신도시 사이에 위치한 대규모 택지 개발을 중심으로 26.5만 호를 추가 공급하겠다는 뜻을 밝혔다. 또 가로주택 등 소규모 정비사업을 통해 도심지 주택 공급 확대안도 내놓았다. 이와 더불어 주거 불안에 시달리는 신혼부부들을 위해 신혼희망타운을 조기에 공급하겠다고 발표했다.

11. 12·19 대책

9월에 발표되었던 3기 신도시 계획의 밑그림이 자세히 나온 대책이 바로 12·19 대책이다 남양주, 하남, 인천 계양, 과천이 3기 신도시로 지정되었으며, 폭발적인 인구 증가에 따른 교통 계획으로 '서울까지 30분 내 출퇴근'이라는 광역교통망 계획도 공개되었다.

12. 1·9 대책

지난 2017년 12월 임대주택 등록 활상화 방안 발표 후 신규 임대사업자 및 임대주택 수가 대폭 증가하면서 정부가 이에 대한 체계적 관리를 위한 대책을 발표했다. 정부는 전·월세 임대차 시장 안정성 강화를 위해 임대주택 관리 시스템 구축과 세제 감면 혜택에 따른 임대인의 의무 조건을 제시했다. 임대료 증액 제한과 등록 임대주택 부기등기제 의무화 등이 나왔다.

13. 4·23 대책

2019년의 주거 지원 계획을 총망라한 계획이 발표되었다. 공적임대(17.6만 호)와 주거 급여(110만 가구), 전·월세 자금(26만 가구) 등 총 153만 6천 가구가 혜택을 받을 수 있는 서민과 실수요자 중심의 주거 안정 대책이었다. 반면 정비사업에 대해서는 임대주택 부과 비율 상향과 추진위원회 정비업체 업무 제한, 공사비 검증 등 규제 강화가 이뤄졌다. 신혼부부, 청년 등 맞춤형 공급 대책도 발표되었다.

14. 5·7 대책

1차(3.5만 호), 2차(15.5만 호) 주택 공급 계획에 이어 11만 호에 달하는 3차 공급 계획이 발표되었다. 이번 3차 계획 발표로 정부가 목표로 한 수도권 30만 호 주택 공급 수량이 모두 채워졌다. 고양 창릉, 부천 대장이 신규 3기 신도시로 지정되었다. 서울 도심까지 30분 내 출퇴근 가능, 일자리 창출, 자녀 키우기 좋은 친환경 도시, 전문가와 함께 만드는 도시라는 개발 방향을 설정했다.

15. 8·12 대책

서울 아파트 가격이 상승세로 전환되자 국토교통부가 민간택지 분양가 상한제 적용 기준을 확대하고 나섰다. 먼저 상한제 적용 요건을 투기과열지구로 확대하고, 상한제 지정 효력 시점을 관리처분 인가 신청에서 최초 입주자 모집 승인 신청일로 앞당겼다. 또 분양가 상한제 주택의 전매 제한 기한을 3~4년에서 5~10년으로 확대했다.

쏟아져 내린
25개 부동산 대책 ②

#부동산정책의 #미래 #영원한 #우상향은 #없다

15번째 8·12 대책에 이어 문재인 정부의 나머지 부동산 대책도 차례대로 살펴보자.

16. 10·1 대책

서울을 중심으로 한 국지적인 집값 상승을 이유로 정부는 또 다시 규제 카드를 꺼내들었다. 지난해 9·13 대책 이후 32주간 떨어졌던 서울 집값이 지난 7월 1주부터 상승세로 전환한 뒤 꾸준히 오르며 시장 분위기가 달아오르고 있었다. 가격뿐만 아니라 거래량까지 점차 회복하며 집값 상승의 기운이 퍼지자 정부에서 서둘러 대응에 나섰다.

개인에 대한 규제로 개인 명의의 투자가 어려워지자 늘어난 사업자 및 법인 투자에 대한 규제가 주를 이뤘다. 투기지역, 투기과열지구의 개인사업자, 법인의 LTV 규제가 강화 및 신설되었고, 1주택 보유자도 고가 주택 보유자라면 공적 보증이 제한되었다. 법인 주택담보대출의 경우 LTV 규제가 없었지만 이번 규제를 통해 주택임대업 법인에도 LTV 40% 규제를 도입했다. 특히 민간택지 분양가 상한제 적용 검토 기준을 일반분양 물량이 많거나, 분양가 관리를 회피한 곳이라고 구체화하면서 핀셋 구역 지정의 요건을 마련했다.

17. 11·6 대책

민간택지 분양가 상한제 적용 지역이 발표되었다. 대상 지역은 강남 4구 22개 동과 소위 '마용성'이라 불리는 마포, 용산, 성동 4개 동, 그리고 영등포구 여의도동이 지정되었다. 조정대상지역에 대한 조정도 있었다. 부산 3개 구 및 고양 남양주 일부 지역에 대한 지정을 해제했다. 더불어 국토교통부는 서울을 중심으로 한 집값 상승이 계속될 경우 즉각 추가 지정에 나서겠다며 경고의 목소리를 높였다.

18. 12·16 대책

7월 들어 오르기 시작한 서울 집값의 분위기가 심상치 않게 흘러 갔다. 7월 1주 이후 24주 연속 서울 아파트 가격이 상승하고, 분양 가 상한제 지역 지정 이후 미지정 지역이 반사 효과를 보며 걷잡을 수 없이 불이 번지는 상황이었다. 매매 거래량도 급증했고 갭투자 역시 그 비중이 지속적으로 확대되어 11월 기준 서울에서만 매매 거래량은 56%에 달했다. 출범 이후 3년 내내 집값에 발목 잡힌 정 부는 이번에 단단히 각오를 하고 칼을 빼들었다.

역대 부동산 정책 중 가장 강력한 규제책으로 불리는 종합규제 대책이 발표된 것이다. 이번 규제책은 총 30여 개에 달했다. 정부 는 투기지역, 투기과열지구 내 9억 원 초과분에 대한 LTV 규제 비 율을 강화했고, 15억 원 초과 주택 구입 시 주택담보대출을 전면 금 지하는 초강수를 뒀다. 고가 주택의 기준을 공시가 9억 원에서 시가 9억 원으로 변경했고, 투기지역 및 투기과열지구에서 1주택 세대가 주택을 구입하거나, 무주택 세대가 고가 주택을 구입할 시 1년 내 전입 또는 처분 의무를 부여했다. 또 투기지역뿐만 아니라 투기과 열지구에서의 주택 구입 목적 사업자 대출을 전면 금지했다.

갭투자를 막기 위해 차주가 전세 대출을 받은 후 시가 9억 원 초 과 주택을 매입하거나 2주택 이상을 보유할 경우 전세 대출을 아 예 회수하기로 했다. 기존 주택 보유자에 대한 세부담도 대폭 늘렸 다. 종부세 세율을 인상하고, 조정대상지역 2주택자 종부세 세부담 상한을 200%에서 300%로 늘렸다. 반대로 1세대 1주택 보유 고령자 세액 공제율과 장기보유 공제 등의 상한은 늘려 실수요 1주택자의 세부담은 줄여줬다.

공시가격 현실화에 대한 규제 강화도 서둘렀다. 현재 공시지가 현실화율이 70%가 채 안 되는 상황에서 지속적으로 공시가격 현실화율을 높여 실제 시세와 공시가격의 불일치를 줄여나가겠다는 방침이었다. 앞서 언급한 대로 각종 세금 부과의 기준이 되는 공시가격이 실제 거래가액만큼 높아진다면 결국 그만큼 세부담이 늘어나기 때문이다. 보유세뿐만 아니라 양도세율도 대폭 인상했다. 1세대 1주택자 장기보유 특별공제에 거주 기간 요건을 추가해 단순히 소유만 해서는 공제 혜택을 누릴 수 없도록 했다. 그 외 2년 미만 보유 주택에 대한 양도세율을 1년 미만의 경우 50%, 1~2년의 경우 40%로 확대했다.

추가로 민간택지 분양가 상한제 적용 지역을 확대해 집값을 잡겠단 강력한 의지를 보였다. 이뿐만 아니라 주택취득자금조달계획서 제출 대상 역시 투기과열지구, 조정대상지역 내 3억 원 이상 주택 및 비규제 지역 6억 원 이상 주택 취득 시로 확대해 사실상 모든 부동산 거래의 자금 조달 상황을 모니터링하겠다는 의지를 보였다. 투기과열지구 9억 원 초과 주택 실거래 신고 시 주택취득자금조달계획서와 함께 객관적 증빙자료를 제출하도록 했다. 청약제도에 대한 규제도 강화했다. 분양가 상한제 주택이나 투기과열지구 내 아파트 당첨 시 10년, 조정대상지역 내 당첨 시 7년간 재당첨이 제한되도록 못박았다.

19. 2·20 대책

12·16 대책의 후폭풍으로 서울 집값은 안정세를 보였지만 그 풍선효과가 비규제 지역 및 경기도로 확산되면서 정부는 이에 대한 점검에 나섰다. 특히 화성, 용인, 수원, 구리 등 기존 상승장에서 소외받던 지역의 집값이 오르는 상황이었다. 이에 경기 지역 집값 상승세를 규제하고자 조정대상지역 내 LTV 규제가 강화되었다. 주택 가격 9억 원 이하는 LTV 50%, 초과분은 LTV 30%로 변경되었다. 더불어 사업자의 주택담보대출 제한 지역이 조정대상지역까지 확대되었다. 또 1주택자 주택담보대출 실수요 요건에 신규 주택 전입 의무 조건이 추가되었다. 집값이 급등한 지역에 대한 조정대상지역 추가 지정도 이뤄졌다. 영통구, 권선구, 장안구, 만안구, 의왕시가 조정대상지역으로 지정되었다.

20. 5·6 대책

기존 3차에 걸쳐 공언한 30만 호 공급 계획에 대한 점검과 더불어 2023년 이후의 수도권 주택 공급을 위한 방안이 나왔다. 특히 정부 주도의 정비사업 활성화 계획이 포함되었다. 즉 재개발 사업 등 민간사업 부문에서도 공공주도형 사업을 도입해 공공성을 확보하겠단 계획이다. 공공이 분담금 수준을 보장하고 부족분을 공기업이 대납하거나 중도금 비중을 낮춰주는 등 혜택을 주는 대신 공공성을 확보하는 것이 핵심이다.

21. 6·17 대책

상반기 내내 차분하던 서울 부동산 시장이 6월 1주차에 들어 꿈틀댔다. 6월 1주차 보합 이후 상승 추세로 전환된 것이다. 이와 더불어 안산, 군포 등 비규제 지역의 과열 양상이 계속되었고 대전, 청주 등 지방 광역시 및 주요 지역의 집값이 오르며 상승 시그널이 새어 나오기 시작했다. 서울 아파트 가격이 상승 전환하자 정부는 한 치의 망설임 없이 곧바로 대책을 내놓는 신속성을 보였다. 개인 거래뿐 아니라 사업자 대출까지 막아놓은 가운데, 최근 부동산 매매업 등 법인을 통한 부동산 거래가 늘어나는 분위기가 감지되자 칼을 꺼내든 것이다.

정부는 비규제 지역으로 흘러들어간 투기 수요를 잡기 위해 수도권, 대전, 청주 대부분의 지역을 조정대상지역 및 투기과열지구로 지정했다. 특히 개발 호재로 상승이 우려되는 서울 국제교류협력지구 인근, 즉 송파구 잠실동과 강남구 삼성동 일대를 토지 거래 허가 구역으로 지정하며 거래 허가제까지 도입했다. 잠실 마이스(MICE) 개발 사업과 영동대로 복합 개발 사업부지 인근의 과열 심화 우려로 인해 이에 대한 차단에 나선 것이다. 주거용 토지는 2년간 실거주용으로만 이용할 수 있고 허가받은 목적대로만 이용할 의무가 부과되었다. 사실상 내놓을 수 있는 규제 카드는 다 내놓은 셈이다.

주택취득자금조달계획서 제출 대상도 더욱 강화했다. 주택취득자금조달계획서 제출 의무가 기존 투기과열지구 및 조정대상지역 내 3억 원 이상에서 거래가액과 무관하게 전부 제출하도록 바뀌었다. 또 9억 원 초과 주택에 대한 주택취득자금조달계획서 증빙자료 제출 의무 역시 투기과열지구 내 주택 거래 시 거래가액과 무관하게 제출하도록 했다. 즉 모든 거래에 대한 주택취득자금조달계획서, 증빙서류를 모조리 확인하겠다는 것이다.

규제 지역 내 주택 구입 시 즉시 실거주 의무도 부과했다. 규제 지역 내 주택 구입을 위해 주택담보대출을 받은 경우 주택 가격과 무관하게 6개월 내 전입 의무를 부과했다. 기존 투기지역 및 투기과열지구에서 시가 9억 원 초과 주택을 구입하기 위한 목적으로 주택담보대출을 받은 경우에만 1년 내 전입 의무를 부과했던 것에 비하면 매우 타이트해진 것이다. 또 1주택자가 규제 지역 내 주택 구입을 위한 주택담보대출을 실행한 경우 6개월 내 기존 주택을 처분하고 신규 주택에 전입하는 것을 의무화했다.

갭투자도 원천 차단했다. 투기지역과 투기과열지구 내 시가 3억 원 초과 아파트를 신규 구입하는 경우 전세 대출 보증을 제한했다. 또 전세 대출을 받은 후 투기지역과 투기과열지구 내 3억 원 초과 아파트를 구입할 경우 즉시 전세 대출을 회수하기로 했다. 사실상 전세를 끼고 집을 사는 갭투자를 완전히 막은 셈이다.

재건축 초과이익환수제에 대한 구체적인 방침도 발표되었다. 헌법재판소의 재건축 초과이익환수제에 대한 합헌 결정이 나옴에 따라 제도의 본격 시행을 준비한 것이다. 자체 시뮬레이션 결과 강남권 5개 단지의 조합원 1인당 재건축 부담금은 4억 4천만~5억 2천만 원으로 계산되었다. 이를 바탕으로 부담금 산정 기준을 확정 짓고 실제 부과에 나서겠다는 방침을 밝혔다. 또 법인을 활용한 투기 수요를 근절시키기 위해 주택 매매, 임대사업자의 주택담보대출을 금지했다.

22. 7·10 대책

정부는 서민 및 실수요자의 부담을 경감시키기 위한 대책을 추가적으로 발표했다. 정부는 생애최초주택 특별공급 적용 주택 범위를 확대하고 공급 비율도 늘렸다. 국민주택뿐 아니라 민영주택에도 도입했으며 비율도 국민주택은 기존 20%에서 25%로, 민영주택에는 처음으로 7%를 배정하기로 결정했다. 소득 기준 역시 민영주택의 경우 도시근로자 월평균 소득의 130% 이하까지 확대했다. 생애최초주택에 대해 취득세 감면 혜택도 제공했다.

동시에 다주택자 대상 종부세 및 양도세 중과도 이뤄져 사실상 다주택자에게는 철퇴가 내려졌다. 또 단기 양도 차익에 대한 환수

부담을 늘려 단기 투기 수요를 차단하겠다는 의지를 보였다. 특히 다주택자에 대한 취득세율 인상은 무시무시한 수준으로 이뤄지며 사실상 다주택자 투기를 전면 봉쇄했다. 2주택자의 경우 8%, 3주택자 이상은 12%로 무지막지한 취득세를 부과했다. 법인의 경우 취득세를 아예 12%로 못박아 3주택자와 같은 취급을 하며 법인을 통한 투기 여지를 차단했다.

23. 8·4 대책

서울권역을 중심으로 13만 2천 호를 신규 공급해 향후 수도권에 총 127만 호를 공급하겠다고 발표했다. 3기 신도시 등 공공택지(77만 호)와 서울 도심 내 주택 공급(7만 호), 수도권 내 기추진 중인 정비사업(30만 호)에다 이번 13만 2천 호가 추가되는 셈이다. 태릉 CC, 용산 캠프킴, 서울지방조달청 등 서울 신규 택지 3만 3천 호와 용적률 상황을 통한 고밀 개발 2만 4천 호, 공공성을 강화한 정비사업 7만 호, 도시 규제 완화를 통한 5천 호 등이 계획되었다.

24. 11·19 대책

정부는 가파르게 상승한 집값과 더불어 상승폭이 커지고 있는 전세가 문제에 대한 대책도 내놨다. 집값이 너무 많이 오른 탓에 안정적이었던 전세가격이 키 맞추기 식으로 상승하던 상황이었다. 게다가 집 매수를 포기하고 전세로 전환된 수요까지 몰리며 상승폭이 확대되는 분위기였다. 정부는 2021년 상반기까지 전세형 주택을 전국 4만 9천 호 공급하겠다는 서민과 중산층의 주거 안정 지원 방안을 발표했다. 특히 수도권에는 전체 물량의 절반에 가까운 2만 4천 호를 공급하기로 했다. 전세 문제 해결을 위해 단기간 내 전세 물량 공급 확대가 필요하다는 정책적 판단에서 기인했다.

이번 대책으로 2021년부터 2022년까지 총 11만 4천 호의 전세형 주택을 추가 공급할 방침이다. LH한국토지주택공사 등이 3개월 이상 공실로 보유 중인 공공 임대주택 3만 9천 호를 내놓고, 이를 전세 입주 가능한 물량으로 바꾸겠단 방침이었다. 또 공실 상가, 오피스, 숙박시설 리모델링을 통해 주거 공간을 추가 공급하겠다는 계획을 발표했다. 이중 숙박시설을 이용한 임대주택 공급 확대 방침에 대해서는 갑론을박이 발생하며 논란을 일으키기도 했다.

25. 2·4 대책

정부는 2021년에도 주택 시장 안정을 위한 공급 대책을 내놓았다. LH한국토지주택공사와 SH서울주택도시공사 등 공공기관이 주도해 서울, 수도권과 5대 광역시 등 대도시를 중심으로 총 83만 6천 호의 주택을 새로 공급하는 것이 핵심이다. 결국 공급 문제를 해결하지 못하면 집값을 잡지 못한다는 가장 기본적인 원칙에 기반해 공급 총공세에 나선 것으로 해석할 수 있다.

이번 대책에 따르면 정부는 역세권, 준공업 지역, 저층 주거지를 개발하는 도심 공공주택 복합사업과 소규모 재개발을 합해 총 30만 6천 호를 공급할 방침이다. 또 공공 직접 시행 정비사업을 통해 정부가 직접 시행자로 나서 13만 6천 호를 공급하겠단 계획도 밝혔다. 사업 기간을 대폭 단축시키고 사업성 개선을 위해 용적률 상향, 부과 의무 면제 등의 당근책이 포함되었다. 이 밖에 지난해 11월 발표된 11만 4천 호 규모의 전세 대책 공급 계획의 일환으로 도심 내 단기 입주 가능한 물량도 비주택 리모델링 및 신축 매입 약정을 통해 총 10만 1천 가구를 확충한다는 계획을 내놓았다.

청약 시장에서 소외된 3040세대를 위한 대책도 포함되었다. 청약 시 일반공급 비율을 상향하는 한편 일부는 추첨제로 공급하며 기회의 균등을 도모했다. 공공분양의 일반공급 물량을 기존 15%에서 50%로 대폭 확대했고, 저축액이 낮은 3040세대에게도 일부 당첨 기회를 확대했다.

부동산 정책은 어쩔 수 없이 시장에 후행할 수밖에 없다. 특히 시장의 작용에 반작용적 성격으로 운영되는 부동산 정책은 언제나 한발씩 늦는 결과를 초래한다. 실제 매 정부마다 부동산 시장의 혼란을 막고 부작용을 줄이기 위해 관련 부동산 대책을 내놓곤 한다. 문제는 이러한 부동산 정책이 되레 시장을 교란시키고 혼란을 더하기도 한다는 점이다. 정책이 절대 능사가 아니라는 것은 역사가 증명했고 시장이 입증했다. 사실 정책을 정리한다는 것 자체도 무

의미할 수 있다. 오늘까지 적용되던 시장 정책이 내일이면 무용지물이 되는 것이 바로 정책의 어려움이다.

　최근 공인중개사들은 부동산 시장의 규정을 따라가기를 포기했다고 한다. 그냥 나오는 대책에 맞춰 문의하고, 공부하고, 대응하는 것 외에는 뾰족한 방법이 없는 것이다. 전문가들조차 포기한 정책을 시장 참여자인 매수희망자가 따라간다는 것은 사실상 불가능하다. 그런 의미에서 집을 사려는 여러분 역시 너무 정책을 완벽하게 파악해서 대처하려고 애쓰지 않아도 될지 모른다. 특히 최근 부동산 대책의 상당수는 투기 세력, 즉 다주택자들을 규제하기 위한 내용이 대부분이다. 이런 부분은 내 집 마련을 노리는 사람과는 직접적인 관계가 없을지도 모른다. 그렇기에 직접 영향을 미치는 LTV 등 대출 규제, 세제 혜택 등의 정책이 어떻게 바뀌는지에 대해 집중하는 것으로도 충분하다.

　지금은 다주택자에겐 고난의 시기이지만 반대로 무주택자에게는 집을 살 기회일 수 있다. 포기해서는 안 된다. 영원한 상승장이란 없다. 올라갈 때가 있으면 내려갈 때가 있을 것이고, 과열장이 오면 추운 빙하기가 오는 것은 세상의 이치다. 타이밍을 맞추는 매매를 하려 하지 말고 진짜 내가 살 집을 잘 살 수 있는 방법에 집중한다면 규제에 대한 부담이 조금이나마 줄어들 것이다.

그래서 내 집이 있어야 한다

필자는 2017년 기자 생활을 시작해 부동산부로 발령이 났을 때 결혼을 했다. 이후 '부동산부 기자를 할 때 집을 샀더라면.' '첫 집을 전세를 얻지 말고 매수를 했더라면.' '전세를 연장하지 말고 그 때라도 집을 샀더라면.' 하고 끊임없이 후회했다. 그렇게 무주택자란 명찰을 달고 있는 사이, 어느 누군가는 자기 집 마련에 성공해 수억 원을 벌고 또 다른 누군가는 갭투자에 성공해 강남까지 한 번에 입성했다는 소식을 듣게 되었다. 누구나 할 수 있지만 아무나 하지 못하는 일들이 부동산 시장에서 비일비재하게 벌어진 것이다. '다음에 기회가 오겠지.' '나는 괜찮다.'라고 애써 스스로를 위로했지만 이는 사실 좀 거짓말이다. 그 생각만 하면 아쉽고 씁쓸하다.

최근 3040세대 친구들과 만나면 나오는 이야기는 온통 '돈'뿐이었다. 아이는 잘 크는지, 부모님은 건강하신지 등이 아니라 집을 샀는지 못 샀는지, 주식으로 돈을 얼마나 벌었는지 등이 대화의 전부였다. 부동산, 주식, 암호화폐 등 투자자산이 폭등하면서 착실히 현금을 모으는 사람은 바보가 되었다. 실제로 열심히 월급을 받아 차

곡차곡 저축한 사람은 상대적으로 거지가 되었다며 '벼락거지'란 신조어까지 만들어졌다.

바야흐로 재테크의 시대다. 이러한 트렌드가 대세라면 그것이 틀렸다고 비판만 하는 것도 모자란 생각이다. 하지만 조금은 아쉽다. 꿈과 희망의 사다리가 끊어져버리고, 부동산과 자산의 대소에 따라 계급이 나뉘는 현재의 풍토에 마음이 착잡하다. 그런데 한편으로는 사람 사는 이야기가 별거 있나 싶다. 저렇게 집을 사 돈을 벌고, 주식에 투자해 간식을 사 먹고, 비트코인에 투자해 여행을 다녀왔다는 이야기가 우리네 사는 이야기가 맞지 않나 싶다. 다만 이러한 분위기가 언젠가는 사라져 건전한 선순환이 되었으면 좋겠다는 생각을 가끔 한다.

필자 역시 집을 사기 전에는 상대적 박탈감과 우울감에 휩싸인 적이 종종 있다. '서울 집값 상승률이 역대 최고치를 기록했다.' '서울 곳곳에서 역대 최고가를 경신한 아파트가 쏟아졌다.' 하는 기사를 쓰는 기자가 당장 자기 집조차 없어 초조함을 느끼다니. 기분이 참 묘했다. 물론 집을 가지고 있는 기자들의 기분은 정반대일 것이다. 부동산부 근무 당시에만 해도 나는 집이 없으니 집값 상승기에 보다 객관적으로 사안을 바라보고 기사를 작성할 수 있을 것이라며 자위했다. 하지만 쓰라린 속을 부여잡으면서 집을 사라는 전문가들의 이야기조차 애써 부정했다. '언젠가는 떨어지겠지.' '큰 조정이 오면 기회를 잡아야지.' 하는 생각으로 흘려보낸 세월이 4년이고, 그 4년간 집값은 쉴 틈 없이 올랐다.

결국 필자가 내 집 마련을 한 시점은 새로운 생명이 태어나 더 이상 좁은 집에서 살 수 없다는 결단이 선 다음이었다. 정확히는 필자가 아닌 아내의 불굴의 의지로 내 집 마련을 할 수 있었다. 결국 결혼을 하고, 아이가 태어나고, 아이가 학교에 가는 등 일반적인 생애주기에 맞게 살아가다 보면 집을 사고 싶지 않아도 사야 하고, 사고 싶어도 사지 못하는 상황을 수도 없이 마주하게 된다. 실제로 필자보다 2~3년 먼저 결혼해 2~3년 먼저 아이를 낳은 경우 대부분 2~3년 먼저 집을 샀다. 그들은 집값이 크게 오르자 그 기회를 이용해 더 좋은 집으로 이사를 가는 자산 증식의 기회를 잡았다. 단지 필자보다 2~3년 먼저 결혼을 했다는 이유로 말이다. 물론 투자의 고수나 재테크에 탁월한 사람들은 생애주기와 무관하게 언제든 돈을 버는 기회를 포착할 수 있을 것이다. 부동산을 자산 증식의 가치로만 바라보지 않는 필자에겐 내 몸 하나 누일 수 있는 안식처로서의 내 집만 있어도 과분하다는 생각이지만, 가끔은 '나도 결혼을 먼저 했으면 좋았을 걸.' 하는 아쉬움이 들기도 한다.

이 책은 내 집 마련을 꿈꾸지만 어디서부터 어떻게 시작해야 할지 모르는 부린이를 위한 가이드북이다. 부동산의 'ㅂ'도 모르는 사람들을 위해 내 집 마련을 위한 최소한의 정보와 실전적인 내용을 담으려 애썼다. 실제 부동산에 대해 아무것도 몰랐던 필자가 부동산부 기자를 거쳐 내 집 마련을 하기까지의 과정과 정보를 담아 정리했다. 이 책을 다 읽었다면 지금 가지고 있는 정보만으로도 충분히 내 집을 살 수 있는 기본기를 갖췄다고 볼 수 있다. 그러니 너무 걱정하지 말고 가벼운 마음으로 내 집 마련의 여정에 한번 첫발을 떼보길 권한다.

　내 집 마련을 해보니 정말 생각했던 것보다 훨씬 더 만족스럽다. 강남 중심지도, 대단한 교통의 요충지도 아니지만 어쨌든 우리 가족이 평온하게 보호받고 안정적으로 생활할 수 있는 공간이 마련되었다는 점 하나만으로도 충분하다. 또한 이사를 가지 않아도 된다는 안정감과 주거 불안이 해소되었다는 측면만으로도 모든 아쉬움이 상쇄되고도 남는다. 집값이 오르면 오르는 대로 기분 좋고, 내리면 내리는 대로 여기서 오래오래 행복하게 살면 된다는 마음가짐을 가지면 충분하다. 부동산에 관심이 없어도 내가 살 내 집 한 채 정도는 마련해야 한다는 뜻이다.

　현재 집값이 너무 비싸다는 말에 깊이 공감한다. 또 집값이 이제 떨어지지 않겠냐는 질문에도 역시 공감한다. 나 역시 그랬고, 지금도 그렇게 생각하고 있다. 그렇기에 당장 집을 사야만 한다거나, 상급지로 어서 이사를 가야 한다는 말을 쉽게 할 수 없다. 다만 이 책을 통해 최소한의 지식을 바탕으로 공부를 해두고 형편이 될 때,

여력이 될 때 내 집 마련에 도전하라고 권할 뿐이다. 이제 막 부동산 시장에 진입했다면 아직 '실패'란 없다. 물론 오르는 시기가 있다면 결국 언젠가는 내리는 시기도 있는 법인데, 아직까지 그런 하락장을 경험해보지 못한 사람들에게는 그 후폭풍이 더욱 셀 수도 있다. 하지만 그러한 것과 무관하게, 시장의 예측이나 전망과 별개로 실거주할 내 집 한 채를 마련할 기회가 온다면 꼭 그 기회를 놓치지 않길 권한다. 그게 당장이 아니어도 된다. 기회는 체력을 기르고 잘 준비된 사람에게 온다. 기회가 왔을 때 잘 잡을 수 있도록 이 책이 미력하게나마 도움이 되었길 기원한다.

추동훈

미래의 부를 위한

부동산 투자
1만 시간의 법칙

초판 1쇄 발행 2021년 10월 30일
초판 2쇄 발행 2021년 11월 18일

지은이 추동훈
펴낸곳 원앤원북스
펴낸이 오운영
경영총괄 박종명
편집 이광민 최윤정 김상화
디자인 윤지예
마케팅 송만석 문준영 이지은
등록번호 제2018-000146호(2018년 1월 23일)
주소 04091 서울시 마포구 토정로 222 한국출판콘텐츠센터 319호 (신수동)
전화 (02)719-7735 | **팩스** (02)719-7736
이메일 onobooks2018@naver.com | **블로그** blog.naver.com/onobooks2018

값 16,000원
ISBN 979-11-7043-259-3 03320